Approfondissez vos
relations intimes par

LA COMMUNICATION AUTHENTIQUE

2e édition revue et corrigée

25ième mille

Données de catalogage avant publication (Canada)

Portelance, Colette, 1943-

Approfondissez vos relations intimes par la communication authentique

2e éd. revue
(Collection Psychologie)
Publ. à l'origine sous le titre: La communication authentique.
Comprend des références bibliographiques.
ISBN 2-9801489-7-0

1. Relations humaines. 2. Communication - Aspect psychologique. I. Titre. II. Titre: La communication authentique. III. Collection: Collection Psychologie (Éditions du CRAM)

Les Éditions du CRAM Inc.
1030, rue Cherrier Est
Bureau 205
Montréal, (Québec)
H2L 1H9
Tél. (514) 598-8547
Fax (514) 598-8788
http://www.cram-eif.org

Dépôt légal - 1e trimestre 1997
Bibliothèque nationale du Québec
Bibliothèque nationale du Canada
Bibliothèque nationale de France

ISBN 2-9801489-7-0

Imprimé au Canada

COLETTE PORTELANCE

Approfondissez vos relations intimes par

LA COMMUNICATION AUTHENTIQUE

LES ÉDITIONS DU CRAM inc.
(514) 598-8547

Du même auteur, chez le même éditeur:
La liberté dans la relation affective
Relation d'aide et amour de soi
Helping relationships through self-love
Authentic Communication

Révision et correction linguistique
Louise Chevrier

Conception graphique et mise en pages
Guillaume P.-Lavigne

Conception de la couverture
Claudia Baillargeon

Photographie de la couverture et de l'auteur
Laforest et Sabourin

Distribution et diffusion

Pour le Québec:
Québec-Livres
2185, Autoroute des Laurentides
Laval (Québec)
H7S 1Z6
Tél. (514) 687-1210
Fax (514) 687-1331

Pour la France:
M.D.E. Diffusion
34, rue du 4 septembre
24290, Montignac
Tél. 05.53.50.76.31
Fax 05.53.51.05.69

Pour la Suisse:
Diffusion Transat SA
Route des Jeunes, 4ter
Case postale 125
1211, Genève 26
Tél. 022/342.77.40
Fax 022/343.46.46

Pour la Belgique - Luxenbourg:
Vander SA
Avenue des Volontaires 321
B-1150, Bruxelles
Tél. 032/2/762.98.04
Fax 032/2/762.06.62

À François et à mes quatre enfants

pour ce qu'ils m'ont donné,
pour ce qu'ils m'ont appris,
pour ce qu'ils sont.

INTRODUCTION

Les plus grandes joies de ma vie, celles qui m'ont le plus conviée à l'amour, celles qui ont alimenté en moi l'espoir, celles qui m'ont le plus donné le goût et la force de franchir tous les obstacles, sont des joies causées par des moments de communication profonde. Par contre, les plus grandes souffrances, celles qui ont suscité le plus de remises en question, celles qui ont contribué le plus largement à ma réalisation, ont presque toutes été des souffrances causées par des insatisfactions relationnelles. Par la relation, j'ai connu des moments de bonheur intense et des instants où la souffrance prenait toute la place, ce qui a fait de moi une personne vivante, jamais éteinte ni terne. J'ai vécu pleinement ma vie jusqu'à ce jour, ce qui fait que je n'ai jamais été habitée par le regret. Quand la joie était au rendez-vous, je la vivais entièrement et, quand la souffrance se manifestait, elle remplissait tout mon être. Certaines périodes de crise de ma vie affective ont déclenché en moi tellement d'angoisse que j'ai parfois perdu l'espoir d'émerger de la douleur dans laquelle je m'étais enlisée. J'ai pleuré. J'ai crié. J'ai accusé. J'ai condamné. J'ai aussi versé dans la plainte, l'apitoiement, la «victimite». Comme il est facile, quand on a mal, de rendre les autres responsables de sa souffrance et d'essayer de les changer pour que, enfin, ils nous rendent heureux. J'ai, en effet, parfois laissé à ceux auxquels j'étais attachée la responsabilité de combler mes manques et le pouvoir d'assurer mon bonheur. A ces moments-là, je me suis placée dans des situations d'insécurité et d'impuissance qui m'enlevaient tous les moyens dont j'aurais pu disposer pour prendre ma vie en main et pour trouver ma liberté.

Quand je connaissais des instants profonds de désespoir, il m'arrivait de chercher dans des livres, dans des cours, dans les astres, la solution magique à mes problèmes, la recette miracle, la technique-choc qui me sortirait de mes angoisses relationnelles. A ces moments-là, je placais à l'extérieur de moi non seulement la source de mes déboires mais aussi la clé de ma délivrance. J'entretenais ainsi mon complexe d'infériorité, mon manque de confiance en moi-même et un sentiment permanent d'esclavage. L'autre étant la cause de ma souffrance, il me fallait donc le blâmer, le punir, le culpabiliser ou le rejeter jusqu'à ce qu'il change. Comme j'attendais tout de lui, je contribuais moi-même à augmenter ma souffrance parce que je brisais, du moins pour un temps, la relation dont j'avais tant besoin.

J'ai fait des démarches de toutes sortes avant d'accepter mon besoin des autres et avant de comprendre que ma difficulté à être en relation avec les autres provenait de ma difficulté à être en relation avec moi-même quand l'angoisse du manque ou de la peur m'envahissait. Pour saisir la cause de mes insatisfactions, j'ai dû apprendre à communiquer authentiquement avec moi-même avant d'être en mesure de communiquer authentiquement avec les autres.

Ce livre est précisément le résultat de cinquante ans d'expériences relationnelles de nature affective, tant personnelles que professionnelles, qui m'ont conduite à la découverte de la communication authentique. Il ne contient pas de recettes, pas de trucs, pas de solutions magiques aux problèmes de communication parce je suis convaincue qu'on n'apprend pas à être en relation par des techniques, mais par une ouverture à sa mouvance intérieure, une écoute de sa vie profonde, un regard accueillant sur tout ce qu'on est. Apprendre à communiquer authentiquement, c'est apprendre à vivre et à rester vivant avec l'autre, tant dans le bonheur que dans la souffrance.

C'est à cette ouverture au monde de la relation profonde à soi et aux autres que vous convient ces pages où vous apprendrez d'abord ce qu'est la communication authentique, comment communiquer, quels sont les éléments et les niveaux de la communication, quels en sont aussi les obstacles et les facilitateurs. Y seront aussi abordés les problèmes de communication dans le couple, avec les parents, avec les enfants, avec l'autorité.

J'ai écrit ce livre non seulement à partir de mon expérience de fille, de mère, d'amie, de conjointe, mais avec mon expérience professionnelle de pédagogue, de thérapeute en relation d'aide, de créatrice et de formatrice à l'approche non directive créatrice et de directrice de l'école de formation des thérapeutes non directifs créateurs. Aussi s'adresse-t-il à tous ceux qui, sur le plan personnel et dans l'exercice de leur profession ou de leur fonction, accordent une importance capitale à la relation et à la communication, tant les parents et les conjoints que les spécialistes de la santé psychique et physique: psychothérapeutes, psychologues, psychiatres, psychanalystes, travailleurs sociaux, enseignants, infirmiers, spécialistes de la médecine traditionnelle ou alternative, etc.

À chaque lecteur, je propose d'aborder la lecture de ces pages avec un regard sur lui-même plutôt qu'avec un regard sur les autres; je lui propose une remise en question de lui-même plutôt qu'une remise en question des autres. C'est la seule façon d'en retirer quelque chose de vraiment utile pour apprendre à communiquer et pour apprendre à être en relation. C'est la seule façon de récupérer le pouvoir sur sa vie et de trouver enfin une satisfaction dans la relation affective, que cette relation soit de nature personnelle ou professionnelle.

S'ouvrir à la communication authentique, c'est d'abord et avant tout prendre la route qui mène au coeur de soi, là où on est certain de pouvoir rejoindre l'essentiel, parce que cette route est la seule voie de la véritable relation, d'une relation constructive et propulsive, d'une relation faite de vérité, de profondeur et de liberté.

CHAPITRE 1

LA COMMUNICATION AUTHENTIQUE

En m'assoyant à ma table de travail pour écrire sur la communication authentique, rien d'autre ne me vient à l'esprit que des images de mon enfance et de mon adolescence, des images de mes dimanches à la campagne. Et ce qui m'étonne, c'est que me reviennent aujourd'hui des images heureuses de ces dimanches à la ferme où je croyais n'avoir vécu que de l'ennui. Comme je m'y suis ennuyée! Je me souviens de cette tristesse profonde qui m'envahissait et qui parfois me revient encore lorsque je me retrouve dans cette situation d'isolement que j'ai connue ou lorsque la routine ne laisse aucune place au changement. Le dimanche, jour du Seigneur, jour des rituels de la traite des vaches, de la messe, du dîner familial et surtout de l'attente, de l'attente qui ronge subrepticement, de l'attente qui tue de l'intérieur. Comme j'étais loin, à cette époque-là, de détenir le pouvoir que j'ai maintenant sur ma vie!

Mais il n'y a pas eu que l'ennui. Je le vois bien aujourd'hui. Il y a eu des plages de bonheur, de ces dimanches pas tout à fait comme les autres, de ces dimanches où mon père, qui prenait son jour de congé hebdomadaire, prenait le temps de rire, de jouer, de parler, d'écouter, de communiquer avec moi.

Ce sont ces images heureuses qui surgissent aujourd'hui comme un cadeau et qui me font comprendre que certains dimanches ont été ensoleillés par ma relation avec cet homme qui m'a beaucoup appris sur la communication authentique. Il m'écoutait comme si j'avais été l'être le plus important du monde. Il me parlait de lui avec tellement d'authenticité que j'ai développé, quand j'étais petite fille, un grand besoin de communiquer vraiment, de m'engager. Ces moments furent les plus importants et les plus beaux de ma vie d'enfant parce que je me sentais aimée, importante et que je n'étais ni seule, ni triste, ni malheureuse.

Je comprends maintenant pourquoi je trouve dans la communication authentique tant de satisfaction et de bonheur. Elle me nourrit, me grandit et me propulse vers une exploitation extraordinaire de mon potentiel créateur.

Mais communiquer authentiquement, qu'est-ce que cela signifie? Dans le Petit Robert, communiquer signifie «être en relation». Et au mot relation, le même Petit Robert précise, entre autres, qu'il s'agit d'un lien d'influence réciproque. Il y a donc un lien entre la communication, la relation et l'influence.

Et qu'en est-il de l'authenticité? Quand il définit le mot «authentique», Robert écrit: «Qui exprime une vérité profonde de l'individu et non des habitudes superficielles, des conventions» et il complète sa définition par cette citation de Gide: «Je crois que les sentiments authentiques sont extrêmement rares et que l'immense majorité des êtres humains se contentent de sentiments de convention qu'ils s'imaginent réellement éprouver.» Autrement dit, être authentique, c'est être vrai. Il y a dans l'authenticité une profondeur qui dépasse les apparences, une intériorité qui touche la vie psychique de l'être, une énergie qui reflète l'intensité réelle de ce qui est exprimé. En fait, l'authenticité est l'expression pure de la vie intérieure de la personne humaine. Être authentique, c'est être pleinement soi-même.

Communiquer authentiquement, c'est donc être en relation avec quelqu'un d'autre tout en restant en relation avec soi-même.

À mon avis, il n'existe pas de relation avec l'autre sans relation avec soi. Et voilà pourquoi je considère comme un pléonasme l'association des mots «communication» et «authenticité», en ce sens qu'il est impossible d'être vraiment en relation, si n'intervient pas l'authenticité, la vérité profonde.

Je fais d'ailleurs une distinction très nette entre «avoir des relations» et «être en relation». On peut «avoir» de nombreuses relations sans vraiment connaître le bonheur d'«être» en relation. On peut rencontrer beaucoup de gens, leur parler de ce qu'on fait, de l'état du monde, des autres, sans jamais révéler sa vérité profonde et sans jamais atteindre la profondeur de l'autre. «Avoir des relations» n'a rien de répréhensible, bien au contraire. J'éprouve moi-même un grand plaisir à participer à des discussions intellectuelles sur différents sujets, à établir des contacts avec différentes personnes. Mais cela est loin de suffire à mon besoin viscéral de relation, de communication, d'échanges profonds.

On peut découvrir, en effet, dans la communication authentique une capacité à aller au fond de soi, à s'accueillir dans ce qu'on a de plus profond, de plus vrai dans le domaine du senti, des émotions et des sentiments réels et, de ce fait, une capacité à recevoir l'autre dans ce qu'il est vraiment, dans ce qu'il ressent et vit au coeur de lui-même. En ce sens la communication authentique n'est pas facilement acquise. Elle se découvre et s'apprend à travers l'expérience d'une ou de plusieurs relations vraies et, surtout, par un travail sur soi qui mène à la relation la plus importante: la relation avec soi.

La rencontre de deux êtres qui sont à la fois en relation avec eux-mêmes et avec l'autre est une rencontre qui exerce un impact inconscient et favorable sur le psychisme de chacun. D'ailleurs, dans toute relation, quel que soit son degré d'authenticité et de profondeur, on peut noter une influence réciproque. En effet, lorsque deux personnes se rencontrent, tout regard, toute parole, tout geste de l'un des deux suggère un effet immédiat de transformation sur l'inconscient de l'autre. Par exemple, si le regard de l'émetteur est menaçant, le récepteur risque de vivre de la peur et de réagir par la fermeture, le silence ou la fuite. Dans ce cas, le regard exerce un impact sur le vécu et le comportement. Puis le récepteur devient l'émetteur et sa fermeture devient un langage qui influence le vécu et la réaction de l'autre. Chaque action ou réaction de l'une des personnes en relation entraîne une modification sur l'autre. Toute rencontre entre les êtres humains entraîne donc une influence réciproque et cette influence est difficile à cerner parce qu'elle est inconsciente.

Le phénomène de l'influence est un phénomène subtil, de nature prioritairement affective et sensitive. Il se joue d'inconscient à inconscient et s'exprime par l'attitude, une disposition psychologique qui se dégage inconsciemment d'une personne et qui révèle à l'inconscient d'une autre ses émotions, ses sentiments, ses intentions réelles. Si l'impact de l'attitude déclenche des sensations et des émotions agréables chez l'autre, celui-ci se laissera plus facilement influencer. Cette réalité a des conséquences importantes spécialement chez les éducateurs, les parents, les enseignants, les thérapeutes, les chefs de gang. En effet, s'ils déclenchent par ce qu'ils sont, des sensations et des émotions agréables chez leurs enfants, leurs élèves, leurs clients, leurs amis, ces derniers les choisiront comme modèles et se laisseront influencer par ce qu'ils sont tout autant que par ce qu'ils font, y compris par les aspects négatifs.

Souvent des jeunes se laissent influencer par des gangs plus que par leurs parents, tout simplement parce que dans le gang, ils se sentent écoutés, reconnus, aimés, compris, ce qu'ils ne retrouvent pas nécessairement dans leur famille. Ils refusent l'influence du père et de la mère parce qu'ils sont mal avec eux et ils acceptent celle des amis parce que l'attitude de ces derniers a un impact global plus agréable sur leur vie émotionnelle. Parce qu'ils sont bien, ils se laissent donc influencer pour le meilleur et pour le pire, le meilleur pouvant être un groupe d'appartenance, des gens qui les prennent au sérieux, des amis à qui se référer; le pire pouvant être de se laisser glisser dans les pièges de l'alcool, de la drogue, de la délinquance.

Sachant que l'influence est un phénomène d'ordre prioritairement émotionnel, certains jouent sur les émotions des autres pour les amener là où ils veulent, ce qui peut être néfaste et dangereux. C'est d'ailleurs ce qu'on appelle de la manipulation. Il est facile de se laisser manipuler si on n'est pas attentif à tout ce qui se passe en soi.

Personne n'a de pouvoir sur l'existence même du phénomène de l'influence inconsciente parce qu'il naît de ce qu'on est, beaucoup plus que de ce qu'on fait. Dans ses relations, on est influencé, qu'on le veuille ou non, et on influence les autres malgré sa volonté. Cependant on a le pouvoir de travailler à rendre cette influence bénéfique par une communication authentique. En effet, quand on partage une vérité profonde et quand on harmonise le langage verbal et le langage non verbal, l'influence est toujours favorable parce que, dans de telles relations, on n'est pas piégé par la confusion du double langage. On reçoit un message clair qui place devant la possibilité de choisir et de garder le pouvoir sur sa vie. Peu importe si les sentiments et les émotions qui composent la vérité profonde sont positifs ou négatifs, peu importe s'ils expriment la joie, la colère, l'amour, le rejet, la reconnaissance ou la jalousie, l'important c'est qu'ils soient vrais. Si l'une ou l'autre des personnes en relation exprime le contraire de sa vérité profonde ou déforme cette vérité, l'impact sur l'inconscient de l'autre risque d'avoir des conséquences néfastes par manque d'authenticité.

Par la communication authentique, on découvre une manière d'être en relation qui permet de bénéficier de l'influence sécurisante et propulsive de l'expression de la vérité intérieure. Et cette manière d'être passe inévitablement par le sentiment et par l'émotion.

CHAPITRE 2

L'ÉMOTION DANS LA COMMUNICATION AUTHENTIQUE

J'ai vécu dans une famille dont je suis aujourd'hui très fière. Chaque fois que je rencontre ma mère, mon frère, mes soeurs, j'éprouve toujours beaucoup de satisfaction à communiquer authentiquement avec chacun d'eux. Pourtant, de mon enfance, je suis loin de n'avoir conservé que des souvenirs heureux sur les plans émotionnel et relationnel. J'ai mis du temps à comprendre d'où venaient ma souffrance de petite fille et mes angoisses d'adolescente. Je me suis souvent questionnée à ce sujet. J'ai cherché à connaître, à déchiffrer, à interpréter, à analyser mon passé jusqu'à ce qu'une démarche thérapeutique me fasse vivre les émotions du moment, qui m'ont ouvert les portes de la libération et m'ont donné toutes les réponses. Je constate encore en écrivant ces lignes et je vérifie presque chaque jour avec mes étudiants que les difficultés psychologiques de la vie naissent des émotions refoulées, vécues dans les relations passées, et que ces mêmes difficultés disparaissent lorsque les émotions sont ressenties et exprimées dans le présent avec les personnes qui sont quotidiennement en relation intime avec soi.

Est-ce dire que l'émotion n'avait pas de place dans mon éducation familiale? Bien au contraire. On permettait l'expression de la colère, de la jalousie, de la peine et de nombreuses autres émotions. Cependant, - et c'est là que se situait le noeud de ma souffrance relationnelle - l'expression de l'émotion, n'était pas toujours faite de façon responsable, chacun rendant l'autre responsable de ses malaises et entretenant ainsi les patterns de juge-coupable et de bourreau-victime qui caractérisaient la relation de mes parents.Plus tard, quand j'ai été en contact plus ou moins prolongé avec d'autres familles, celles de certaines de mes cousines, celle de mon conjoint, celles de mes amis, je les ai d'abord idéalisées pour ensuite découvrir que la souffrance relationnelle causée par les difficultés à communiquer était présente partout, bien qu'elle prît ailleurs d'autres formes, d'autres visages ou les mêmes visages maquillés autrement. Cette découverte m'a fait apprécier la famille où je suis née et m'a aussi fait comprendre cette histoire d'influence judéo-chrétienne que mon père m'a racontée un jour. Il s'agissait d'un homme qui, comparant sa vie à celle des gens de son entourage, trouvait sa «croix» trop lourde à porter par rapport à celle des autres. Il s'est donc retrouvé au «paradis» où le «bon saint Pierre» lui a fait porter la croix de tous les gens qu'il enviait et lui a donné la possibilité de repartir sur terre avec celle de son choix. Il est revenu avec la sienne...

Je crois sincèrement que la souffrance relationnelle que j'ai connue provenait de ce que j'étais. C'est pourquoi elle m'a servi d'école d'apprentissage et de propulseur dans mon cheminement personnel.

A. La source de la communication authentique

Si je parle de ces expériences passées, c'est qu'elles sont à l'origine de toute mon histoire relationnelle et de mon lien avec l'émotion. En effet, mon expérience professionnelle m'a appris que la relation de l'enfant avec ses parents ou avec ses substituts, détermine le type de relations et de communications que l'individu connaîtra généralement au cours de sa vie. Autrement dit, une personne répète inconsciemment dans ses rapports avec les autres, dans le domaine de la communication verbale et non verbale, le même fonctionnement, la même approche, les mêmes structures que celles qu'elle a intégrées dans sa relation avec les figures parentales et ce, jusqu'à ce qu'elle prenne le pouvoir sur sa vie par un travail sur elle-même qui lui fasse vivre des transformations en profondeur. Ce travail sur elle-même lui fait d'abord prendre conscience de ses modèles relationnels puis découvrir ce qui, dans son fonctionnement, favorise la communication authentique ou constitue des entraves. Elle découvre ainsi qu'elle n'a pas intégré que les aspects négatifs de son enfance, mais aussi des bases positives. Si l'irresponsabilité caractérisait souvent la communication dans ma famille, j'ai par contre découvert que j'avais hérité de solides bases en ce qui concerne l'authenticité, l'importance de se dire, l'écoute empathique et l'ouverture au senti, à l'émotion, au sentiment, ce qui, pour moi, est inestimable. Et je suis très fière de cet héritage parce que mon expérience relationnelle, mon travail auprès des gens et mes découvertes personnelles quant au fonctionnement cérébral et au fonctionnement psychique, que j'ai présentées dans mon premier livre *Relation d'aide et amour de soi*, m'ont vraiment fait comprendre et sentir la primauté de l'émotion dans la communication comme facteur d'intégration du fonctionnement relationnel.

B. L'intégration du fonctionnement relationnel

Il est fondamental de connaître le noyau de l'intégration des patterns. Quel est l'élément essentiel de l'influence si déterminante de la relation première entre l'enfant et ses parents sur son fonctionnement relationnel? Quel élément clé de l'influence inconsciente des parents sur l'enfant favorise l'intégration de modèles de communication satisfaisants ou insatisfaisants?

Le véhicule de l'influence sur la vie psychique, c'est l'émotion. Cette conviction guide d'ailleurs l'ensemble de la pensée de Michel Lobrot dans *Les forces profondes du moi* (1980). Dans toute communication, ce qui est transmis à l'autre, c'est un message qui véhicule non seulement des mots s'adressant à la conscience rationnelle, mais aussi des sentiments et des émotions qui sont toujours perçus par l'inconscient. Autrement dit, tout message est porteur d'émotion: l'émotion vécue par l'émetteur fait naître l'émotion du récepteur, servant ainsi de véhicule d'influence.

Je l'ai déjà écrit: l'être humain n'est mû ni par des mots, ni par des idées, ni par des opinions, mais par les émotions qui les sous-tendent. Dans une relation, l'émotion de l'un déclenche l'émotion de l'autre et elle influence l'opinion, l'idée, l'action. Si l'émotion vécue par l'émetteur déclenche chez le récepteur des émotions agréables, la communication a plus de chances d'être satisfaisante, harmonieuse et propulsive; par contre, si elle déclenche des émotions désagréables et que ces émotions ne sont pas exprimées, l'impact sur la communication et la relation peut être négatif. Pour qu'une communication produise une influence positive sur la vie psychique, il faut qu'elle soit authentique et responsable.

C. L'émotion et l'authenticité

Être authentique, on s'en souvient, c'est exprimer sa vérité profonde, c'est montrer et dire honnêtement ce qui habite en soi, spécialement ses émotions et ses sentiments, peu importe si l'émotion est la joie ou la peine, la tristesse ou l'enthousiasme, la jalousie ou l'indifférence, la colère ou l'indulgence, l'amour ou la haine. Toute émotion vécue est perçue par l'inconscient du récepteur même si elle est niée, refoulée ou cachée. Il ne suffit donc pas d'aimer pour être en relation et pour communiquer de façon satisfaisante, il est essentiel d'être authentique, c'est-à-dire d'être capable de dire aussi: «En ce moment, je ne t'aime pas». C'est la capacité d'une personne à donner l'heure juste, à faire authentiquement place à ses émotions et à ses sentiments négatifs qui l'ouvre sur ses sentiments positifs et qui assure une relation durable parce que sécurisante.

Qu'arrive-t-il lorsqu'une personne manque d'authenticité? Si une personne n'est pas vraie lorsqu'elle parle, l'émotion qu'elle vit passe quand même par son attitude, cet état intérieur qu'elle communique à son insu dans toutes ses relations, par le langage non verbal de son corps. En fait, si son langage verbal contredit son langage non verbal, si ses mots contredisent les émotions qui les sous-tendent, elle émet un double message dont les conséquences sont non seulement néfastes à la communication, mais aussi désastreuses pour la vie psychique. En effet, l'enfant qui grandit en présence de parents qui manquent constamment d'authenticité et qui communiquent par doubles messages ne peut faire confiance à ses perceptions. Il grandit en doutant toujours de lui-même et des autres. Sa confiance en lui et en l'autre sera très limitée. Il sera plutôt méfiant. De plus, il grandira dans l'insécurité permanente.

Il n'est pas facile d'être authentique et personne ne l'est totalement. L'authenticité parfaite suppose une acceptation inconditionnelle de soi, ce qui est loin d'être facile. Le degré d'authenticité est directement proportionnel au degré d'acceptation de soi. Personne n'est totalement authentique. De plus, les éléments inconscients qui interviennent dans les relations sont si nombreux que la route vers l'authenticité recherchée passe par un travail de connaissance et d'acceptation qui dure toute la vie et par une intégration de la responsabilité qui demande beaucoup de temps.

D. L'émotion et la responsabilité

Suffit-il d'être authentique pour jouir d'une communication satisfaisante et bénéficier d'influences créatrices? Je ne le crois pas. Au nom du vécu et de l'authenticité, on peut démolir et détruire facilement les autres en l'absence de responsabilité.

La responsabilité, c'est la capacité d'une personne à exercer le pouvoir sur sa vie en cherchant en elle-même la source de ses souffrances, en travaillant à se transformer plutôt que de blâmer les autres et d'exercer un pouvoir sur eux en essayant constamment de les changer.

Croyant bien faire et croyant surtout assurer leur libération intérieure, certaines personnes clament leurs émotions à la face des autres au nom de l'honnêteté et de l'authenticité; elles sont les premières surprises des résultats dramatiques de la liquidation de leurs sentiments. Être authentique ne signifie pas se libérer sur le dos des autres, encore moins les rendre responsables de ses souffrances, de ses déboires et des conséquences de ses choix.

Je pense présentement à l'histoire d'Élise qui, à la suite d'une démarche thérapeutique, a décidé d'aller déverser sur ses parents sa colère, son ressentiment, sa haine et ce, en les tenant responsables de sa souffrance et de ses insatisfactions relationnelles. Elle n'a réussi qu'à briser des liens déjà précaires et qu'à se priver de ce dont elle avait le plus besoin: l'amour et la reconnaissance de ses parents.

J'ai connu Élise en 1988. Elle m'avait été envoyée par une amie. Lors de notre première rencontre, elle était abattue, découragée et très confuse. En effet, au cours des trente premières années de sa vie, ses relations avaient été très insatisfaisantes parce qu'elle n'était pas arrivée à manifester ses besoins en présence des autres. Elle refoulait ses émotions et s'éteignait peu à peu. C'est d'ailleurs ce qui l'avait conduite en psychothérapie. Cette démarche de croissance lui a appris à prendre conscience de ses émotions, à faire de la place aux émotions retenues. C'est alors que, dans ses relations, elle adopta une attitude complètement différente de celle qu'elle avait toujours eue. Au lieu de se taire, elle s'est mise à se dire, mais elle le faisait en déversant sa souffrance sur les autres. Habitée par le ressentiment consécutif au refoulement, elle a voulu libérer la souffrance contenue depuis des années ce qu'elle a fait en rendant les gens de son entourage responsables de tout ce qu'elle était devenue, de tout ce qui l'avait blessée. Ce comportement ne lui a valu que du rejet de la part de ses parents; c'est pourquoi Élise s'est retrouvée défaite, éprouvant une souffrance encore plus grande et convaincue qu'il valait toujours mieux se taire et refouler ses émotions plutôt que de s'exprimer. Mais cette nouvelle attitude ne la satisfaisait pas parce qu'elle avait le sentiment d'être au même point qu'avant sa psychothérapie. C'est vraiment autour de la notion de responsabilité que se sont déroulées mes rencontres avec Élise. Elle a alors compris qu'elle n'avait pas régressé au cours de sa dernière démarche thérapeutique, que son apprentissage de l'écoute et de l'expression de son vécu était un acquis remarquable, mais qu'il ne servait qu'à l'éloigner des autres et particulièrement de ses parents quand elle les rendait responsables de sa souffrance.

Élise avait besoin de vivre une relation satisfaisante avec les personnes importantes pour elle. Son apprentissage de la relation et de la communication a passé par trois découvertes fondamentales: l'émotion, l'authenticité et la responsabilité.

Pour vivre une communication qui rapproche des autres et qui nourrit, il est essentiel d'entrer en soi-même et de sentir, d'écouter, d'exprimer de façon responsable l'émotion du moment. C'est précisément l'expression de l'émotion telle qu'elle est et l'expression des intentions, des pensées, des opinions qui sont sous-tendues par elle qui rendent la communication authentique et créatrice.

L'émotion est vraiment au coeur de la communication authentique. Son importance est telle que tout le fonctionnement de l'être humain repose sur elle et ce, qu'il le veuille ou non, qu'il le sache ou non, qu'il se le cache ou non. Dans bien des cas, l'éducation n'a pas appris à accueillir l'émotion mais plutôt à la réprimer, à la refouler, à la nier, à la juger, à la banaliser. La démarche pour apprendre à l'entendre, à l'apprivoiser et à lui donner sa place suppose un travail sur soi qui demande du temps.

Pourtant il est de plus en plus à la mode de parler d'émotions. Autant l'intuition a été valorisée au cours des dernières années, autant l'émotion commence à déranger, à préoccuper, à intéresser, cependant les façons de l'aborder sont multiples.

E. Les façons d'aborder l'émotion

Dans certains milieux intellectuels, comme par exemple dans certaines facultés universitaires, la notion d'émotion a fait son entrée. Des étudiants en tiennent compte dans leurs recherches et des professeurs en font mention dans leur cours. Elle devient fort heureusement moins étrangère dans ces milieux où le rationnel et l'intellectuel prennent encore trop souvent toute la place. On constate en effet, dans ces milieux, un intérêt accru pour comprendre le phénomène de l'émotion, saisir son origine, analyser son fonctionnement, comprendre le processus de son développement. Depuis quelques années, elle occupe même une place dans les programmes d'études primaires, secondaires et collégiales, elle est intégrée à certains objectifs généraux et même à des objectifs propres à l'enseignement de certaines matières. On y parle de l'importance de développer la dimension affective et, dans certains cas, on utilise le qualificatif «émotionnel». L'émotion n'est plus négligée, on lui accorde une place, du moins sous un angle théorique, rationnel. Voilà déjà un bon pas de franchi et un pas important. Je suis d'ailleurs profondément convaincue que la recherche est essentielle dans l'évolution d'un peuple, d'une société, d'un individu. Toutefois entre parler de l'émotion et la vivre, il existe tout un monde, celui de la différence entre le langage de la tête et le langage du coeur. On peut en effet «parler de» l'émotion pendant des heures comme on «parle de» la situation économique et ce, sans jamais sentir celle qui nous anime.

Il existe aussi une autre manière de «parler de» l'émotion de façon rationnelle. Il s'agit de parler des émotions qu'on a vécues à un moment où on ne les vit plus. Dans ce cas, on raconte des émotions antérieures sans les ressentir au moment où on parle. L'émotion est ainsi refoulée au lieu et au moment de la relation et racontée en différé, sans la ressentir, ce qui fait qu'elle est rationalisée. On peut ainsi raconter ses émotions chaque fois qu'on rencontre ses amis ou son thérapeute et rester avec le sentiment de «tourner en rond». Cette façon de parler des émotions n'est pas condamnable, bien au contraire. Une personne peut éprouver une grande satisfaction à le faire, particulièrement si elle s'adresse à quelqu'un qui l'écoute avec empathie, sans jugement et qui lui offre une chaleureuse attention. Elle en ressortira alors avec une certaine satisfaction parce que ses besoins d'être aimée, reconnue, acceptée, écoutée et sécurisée seront satisfaits. Mais cette satisfaction ne sera que temporaire ou incomplète, parce que la rationalisation de l'émotion par la narration prive une personne de l'intervention directe de sa dimension émotive dans la relation et la laisse toujours, à court ou à long terme, avec un sentiment de manque ou de vide impossible à combler.

Le même phénomène se produit avec ceux qui ne vivent des émotions que par la libération de celles qu'ils ont refoulées dans le passé. Cette pratique n'a rien de répréhensible mais, à long terme, elle n'est pas plus satisfaisante que la précédente, parce qu'elle ne donne pas de place à l'émotion du moment. De plus, elle entretient de façon trompeuse le refoulement et la rationalisation, en ce sens que les personnes qui ne libèrent pas leurs émotions au moment même où elles vivent une relation apprennent inconsciemment à vivre leurs émotions en différé et à les refouler. Ainsi, libéreront-elles dans deux jours, dans un mois, dans un an, dans cinq ans les émotions qu'elles répriment aujourd'hui et entretiendrontelles, par le fait même, le manque que vivent tous ceux qui ne connaissent pas le bonheur de la communication authentique.

Cette habitude de vivre les émotions en dehors de la situation présente est très fréquente et très répandue. La plupart des gens ont tendance à vivre leurs émotions avec une tierce personne plutôt que de les vivre avec les personnes concernées, surtout si ces émotions ne sont pas agréables. Cette attitude entretient l'insécurité, la méfiance, la peur et l'insatisfaction relationnelle et risque de cultiver les patterns bourreau-victime. C'est aussi une habitude qui prive du bonheur de la relation claire, franche, intime, sécurisante et libre parce que, à cause de la peur de l'émotion négative, la relation ne repose pas sur la communication authentique.

La peur de l'émotion est tellement grande qu'il est difficile pour la majorité des gens de la vivre au moment même de la relation. En effet, une autre façon de la contourner est de s'en dissocier. Le phénomène de la dissociation est très présent dans certaines approches thérapeutiques. On apprend à se dissocier de l'émotion de plusieurs façons. L'une des plus courantes est la dissociation par auto-observation. Pour y arriver, il suffit, dès que l'émotion naît dans le psychisme, de s'en détacher pour l'observer et se regarder comme si on prenait une distance. Ainsi, pour s'en dissocier, il faut nécessairement isoler l'émotion et la raison, les désunir comme si elles ne pouvaient fonctionner en harmonie. En ce sens, la dissociation est un mécanisme de défense, c'est-à-dire un moyen utilisé par le psychisme pour se protéger contre la présence d'émotions désagréables qui émergent du processus relationnel réel ou imaginaire. Par contre, cette approche de l'émotion constitue un grand pas sur la voie de son apprivoisement. Ici l'émotion n'est pas vécue en différé, mais sentie et écoutée quand elle se présente; cependant, au lieu de lui laisser la place dont elle a besoin, on s'en sépare pour l'observer.

Ce même phénomène de dissociation se retrouve parfois dans le cas de «l'enfant intérieur». J'aborde ici un sujet particulièrement intéressant qui me touche beaucoup. Cette merveilleuse notion qui correspond à un état intérieur réel prend de plus en plus de place dans les milieux thérapeutiques, dans les centres de croissance, voire dans la vie quotidienne. Malheureusement, dans bien des cas, certaines personnes utilisent leur «enfant intérieur» pour justifier leur droit de vivre leur colère, leur peine et toutes les autres émotions qu'elles ne se permettent pas d'exprimer autrement. Elles ont besoin de s'infantiliser pour se donner le droit d'être émotives et dissocient ainsi l'enfant de l'adulte en eux. Autrement dit, elles donnent à leur «enfant intérieur» la permission de pleurer, de se fâcher, d'être jaloux, mais elles ne donnent pas à l'homme ou à la femme qu'elles sont la même autorisation. Bien sûr, elles vivent des émotions «ici et maintenant», mais elles n'assument pas que ces émotions soient vécues par elles aujourd'hui, comme s'il y avait en elles deux compartiments: celui de l'adulte et celui de l'enfant. Quand elles pleurent, elles sont l'enfant, quand elles raisonnent, elles sont l'adulte. Cette approche de l'émotion manifeste deux mécanismes de défense: la dissociation et la justification. Ces mécanismes sont généralement utilisés de façon inconsciente parce qu'il existe chez ces personnes une difficulté à accepter les émotions qui les habitent, une difficulté à s'accepter comme des êtres émotifs dont la sensibilité s'exprime par la souffrance, la colère, le ressentiment, la peur.

Est-ce dire que l'«enfant intérieur» n'existe pas? Bien au contraire. Il fait partie de nous. Il est ce que nous sommes. Nous sommes ce qu'il est. Notre psychisme comprend toute la souffrance et tout le bonheur que nous avons connus à travers toutes nos expériences de vie. L'adulte que nous sommes est habité, ici et maintenant, par l'enfant et l'adolescent que nous avons été et la souffrance passée contenue dans le psychisme est inextricablement liée à la souffrance présente. Elles ne font qu'un et sont indissociables, inséparables. Nous sommes tous des adultes plus ou moins heureux et plus ou moins souffrants, des adultes qui portons en nous, ici et maintenant, chaque relation, toute la souffrance et tout le plaisir du passé et du présent. Ces émotions de souffrance ou de joie, c'est en tant qu'adultes que nous les vivons parce que nous ne sommes plus des enfants. Voilà la réalité.

Cette façon de se vivre, en tant qu'adultes, comme des êtres émotifs au présent de la relation, est la manière la plus satisfaisante d'aborder l'émotion; c'est la seule qui met vraiment en relation et qui assure une communication authentique puisqu'elle permet de révéler sa vérité profonde. Elle a aussi comme avantage de combler progressivement les manques affectifs parce que l'émotion est vécue directement, sans détours, dans la relation avec l'autre et parce qu'il existe vraiment un partage de coeur à coeur sans interférence, un partage qui nourrit. Il ne s'agit pas alors d'une décharge émotionnelle irresponsable ou de la libération d'émotions refoulées, mais de la capacité à sentir ici et maintenant ce que l'autre déclenche en soi, de le partager avec lui et d'accueillir sa réaction. Cette capacité à se vivre passe par un travail d'acceptation de tout vécu émotionnel quel qu'il soit. La dissociation de l'enfant et de l'adulte en soi entretient le jugement que l'on porte sur les émotions désagréables. Exprimer une grande peine, c'est enfantin. Exprimer une bonne colère, c'est enfantin. Exprimer de la jalousie, c'est encore enfantin. Voilà pourquoi certains se rabattent sur l'enfant intérieur: «C'est la petite fille en moi qui pleure». «C'est mon petit gars qui est fâché». De cette façon, on justifie l'émotion plutôt que de se donner le droit de la vivre en tant qu'adulte, qui réagit émotivement à un déclencheur présent, lequel touche ici et maintenant une peine qui ramène à la mémoire inconsciente des souffrances passées mais toujours vives dans le psychisme.

En arriver à bien s'accepter, à être assez proche de soi, à être suffisamment à l'écoute de soi pour se vivre authentiquement en tant qu'adultes dans une relation, c'est se donner les clés d'une communication vraie qui passe par l'acceptation de ce qu'on est et par la capacité à être en relation.

CHAPITRE 3

LA COMMUNICATION ET LA CAPACITÉ À ÊTRE EN RELATION

A. La capacité à être en relation

L'aptitude à communiquer authentiquement repose d'abord et avant tout sur la capacité à «être en relation». Mais que signifie «être en relation»? Cette expression comprend deux mots clés sur lesquels il est important de s'arrêter: le mot «être» et le mot «relation». D'après le Petit Robert «être», c'est «exister», avoir de l'importance, de la valeur et j'ajouterais avoir de la valeur comme personne, comme être humain. Quant au mot «relation», il est défini comme un lien d'interdépendance, d'interaction, d'influence réciproque entre deux ou plusieurs personnes. «Être en relation», c'est donc paradoxalement exister comme personne, reconnaître sa propre importance, sa propre valeur et reconnaître l'importance de l'autre dans un lien d'interdépendance, d'interaction et d'influence mutuelle. L'expression «être en relation» sous-entend le pouvoir d'être soi, de se reconnaître dans sa différence, de se manifester à l'autre, de l'influencer; c'est aussi l'aptitude à reconnaître la différence et l'importance de l'autre, à accepter que ce lien d'influence réciproque soit fondé sur une interdépendance, c'est-à-dire sur un besoin de l'autre partagé, sans lequel il n'y a pas de relation et, de ce fait, pas de communication. C'est donc précisément dans cette capacité à se reconnaître pleinement, à reconnaître l'autre et à accepter le besoin de l'autre, particulièrement sur le plan affectif, que se situe l'art d'être en relation et de communiquer authentiquement.

La notion d'interdépendance est aussi importante entre les êtres humains qu'entre les éléments de la nature. Alors que la terre et l'eau entretiennent leur relation tant dans le calme que dans la tempête, sans nier le besoin vital qu'elles ont l'une de l'autre, l'homme se bat souvent contre ce besoin par peur de perdre son autonomie, par peur de souffrir. Malheureusement ces peurs lui causent une souffrance encore plus grande, parce que, en refusant l'interdépendance affective, il agit contre sa propre nature. Cette peur de la relation par crainte de la souffrance est tellement considérable qu'elle prive la personne du bonheur de communiquer authentiquement.

Rien, à mon avis, n'est plus important pour un être humain que sa relation avec lui-même et avec les autres. On peut tout posséder sur le plan matériel, on peut aussi avoir atteint un succès professionnel enviable et être doté de qualités et de talents remarquables, mais si on ne sait pas «être en relation», il manque l'essentiel. C'est en effet dans l'incapacité à communiquer authentiquement que se trouvent les plus grandes souffrances et les plus grandes frustrations. Si chaque personne consacrait autant de temps et d'énergie à l'apprentissage de la relation et de la communication qu'elle en consacre à réussir sur le plan professionnel, à améliorer sa situation financière, à enrichir ses connaissances intellectuelles et pratiques, le monde serait tout simplement plus humain et plus heureux.

Sans négliger l'avoir, le faire et le savoir, l'être humain a besoin d'«être» et de communiquer. Il a un besoin pressant d'ajouter aux valeurs matérielles, intellectuelles et pratiques, déjà intégrées dans bien des cas, des valeurs intérieures plus profondes, plus humaines, plus authentiques. Cette intégration passe par un apprentissage qui peut s'échelonner sur plusieurs années. J'en parle en connaissance de cause: j'ai consacré ma vie à ce précieux sujet et je dois dire que, chaque jour, j'apprends encore beaucoup sur l'art merveilleux d'être en relation. J'ai eu la chance de connaître très jeune, avec mon père, ce qu'est la communication authentique et, durant ma vie j'ai cherché dans toutes mes relations cette profondeur que je trouvais souvent avec lui. Parfois je ressortais de mes rencontres avec mes amis ou avec d'autres personnes, chargée d'énergie et de satisfaction, mais je ne réussissais pas à retrouver ce même bien-être à volonté, n'ayant aucun pouvoir sur le succès ou l'échec de mes relations parce que je ne connaissais pas ce qui favorisait la communication authentique ni ce qui l'entravait. Je vivais des expériences relationnelles sans avoir conscience des processus concernés. J'ai mis beaucoup de temps à découvrir comment «être en relation» avec moi-même et avec les autres et cette découverte n'est pas due à des recettes ni à des trucs, mais au travail sur moi-même.

Il ne m'a pas été facile de prendre conscience des conditions indispensables pour y arriver et, partant, de faire en moi-même la démarche, le travail qu'exige un tel apprentissage parce que ce cheminement me ramenait constamment à ma souffrance intérieure et à celle des autres. Et, même aujourd'hui, avec toute la connaissance que j'en ai et tout le travail que j'ai fait sur moi-même, il m'arrive encore de passer à côté de la relation en oubliant mon vécu pour réagir de façon défensive.

Je ne veux surtout pas, dans mes écrits, me présenter comme un modèle, un être parfait. Ce n'est pas le cas. Être perçue comme une personne qui n'a plus rien à travailler me fait mal parce que, tout en étant reconnue pour l'apport de mes théories, j'ai besoin d'être vue comme un être humaine, en cheminement, qui se donne le droit à l'erreur et à l'imperfection. À mon avis, c'est la seule façon d'être soi-même et il n'est pas possible d'être humain sans cela. Se présenter comme un être parfait est en soi une imperfection qui empêche toute la relation parce que cet être est, en fait, un personnage qui joue un rôle, se rejetant lui-même. Rien n'est pire que de vivre avec un «saint homme» ou avec un être qui présente l'image de la perfection. Être un «saint homme» ou une «sainte femme» suppose une négation de son vécu désagréable et de ses besoins, une difficulté à reconnaître ses erreurs. Ce type de relation entretient les patterns supérieur-inférieur et un sentiment permanent de culpabilité chez ce dernier, ce qui envenime progressivement la relation et la maintient dans l'insatisfaction et la souffrance.

Aussi, dans ce chapitre, ai-je comme objectif de communiquer les résultats de mes expériences personnelles, relationnelles et professionnelles au sujet de ce que je considère comme le plus important dans la vie d'un être humain, sa capacité à être en relation avec lui-même et avec les autres.

Cette aptitude à être en relation et à communiquer authentiquement repose sur trois conditions:

- la capacité à vivre et à exprimer l'émotion;
- la capacité à vivre le présent de la relation;
- la capacité à utiliser adéquatement ses facultés rationnelles.

Au cours des pages qui vont suivre, je développerai chacun de ces trois éléments de façon à communiquer le résultat d'expériences où la souffrance et le bonheur ont trouvé leur accomplissement dans l'amour et la liberté.

B. La capacité à vivre et à exprimer l'émotion

J'ai beaucoup parlé de l'émotion dans mon livre *Relation d'aide et amour de soi*. Sans vouloir me répéter, je ne peux que rappeler son importance capitale dans les processus relationnels. La communication authentique n'est pas possible sans la capacité à vivre et à exprimer l'émotion. Je crois que l'éducation de l'enfant, dès son plus jeune âge, devrait reposer sur le droit à l'émotion, tant agréable que désagréable, et ce, parce que le senti émotionnel est un guide d'une valeur inestimable. En fait, le vécu d'un être humain est toujours vrai et personne ne peut le contester.

Personne n'a de pouvoir sur les émotions des autres. Empêcher quelqu'un de vivre ses émotions ne peut qu'entraîner des mécanismes défensifs tels le refoulement, la rationalisation, la négation, la mise en place d'un personnage ou le mensonge qui ne font disparaître l'émotion qu'en apparence. Un éducateur averti ne brime pas l'expression spontanée d'émotions désagréables chez l'enfant, mais les accueille attentivement tout en lui apprenant la notion de responsabilité par l'exemple.

Le droit à l'émotion est un droit vital et enlever ce droit à un être humain, c'est tout simplement le priver de sa liberté d'être lui-même, c'est aussi lui faire perdre confiance en ses perceptions et en son senti. L'enfant réprimé dans l'expression de ses émotions apprend très jeune à chercher ses points de référence à l'extérieur de lui plutôt qu'en lui-même. Ainsi, il ne donnera d'importance ni à sa peine, ni à sa colère, ni à sa peur, ni à ses besoins et agira en fonction du regard et de l'opinion de son entourage réel ou imaginaire. À force de se couper de lui-même, il en arrivera à ne plus se fier à ses perceptions, à ne plus sentir le langage de son corps et de son monde émotionnel, à exprimer de fausses émotions et à se fondre dans les autres, ce qui le privera d'une ressource fondamentale. Les conséquences dans le domaine de la communication et de la relation sont alors désastreuses.

Face à cette réalité, la tendance à verser dans le blâme et la culpabilité risque d'être forte. Il ne s'agit pas, à mon avis, de crier haro sur qui que ce soit et de tomber dans l'accusation, mais plutôt de faire face à une réalité qui nous concerne tous de façon à garder notre pouvoir sur nous-mêmes.

Quelles sont donc les conséquences de se couper ainsi de ses émotions? Chacune des personnes engagées dans la relation étant tournée vers l'extérieur plutôt que vers elle-même, il s'ensuit une impossibilité d'«être en relation», de se parler de façon satisfaisante. Comment peut-on écouter l'autre si on ne s'écoute pas soi-même? Comment peut-on accueillir l'autre dans ce qu'il est et dans ce qu'il vit si on ne s'accueille pas soi-même? Comment peut-on être en relation avec les autres si on n'est pas en relation avec soi-même?

Une communication qui met vraiment les gens en relation suppose une capacité à être à l'écoute de soi, à sentir le plus possible le langage du corps et de l'émotion. Cette aptitude est vraiment à la base de toute communication authentique.

Apprendre à communiquer authentiquement, c'est donc apprendre d'abord à se sentir et à s'écouter à chaque instant, de façon à être conscient des mécanismes défensifs qui privent de ces informations précieuses par une absence de relation avec soi-même. Cet apprentissage demande un temps de travail sur soi-même qui, même s'il passe souvent par la souffrance, n'en est pas moins un processus vers une libération sans prix. Seuls l'écoute et l'accueil de soi rendent possible l'écoute et l'accueil de l'autre dans ses émotions et dans sa personne même. Autrement dit, c'est cette double capacité à s'accepter émotionnellement et à accueillir l'autre qui permet la communication authentique.

Communiquer authentiquement, c'est être capable d'entendre l'émotion de l'autre dans son intensité, c'est-à-dire pouvoir accueillir sa peine, sa joie, sa colère, sa peur sans se couper de la sienne. Se laisser toucher par l'autre sans prendre la responsabilité de sa souffrance, sans le prendre en charge, c'est lui redonner confiance en lui-même, c'est aussi lui signifier l'importance qu'on lui donne.

Dans le cadre de mon travail de formatrice de thérapeutes non directifs créateurs et de thérapeutes en relation d'aide, il m'arrive constamment d'être touchée par le témoignage de mes élèves et de mes clients et d'exprimer ou de montrer mon émotion tout en restant la thérapeute. Je suis toujours émue de constater l'effet bénéfique de mon authenticité tant sur l'autre que sur la relation d'aide elle-même. La même chose se produit dans mes relations amicales, dans mes relations avec mes enfants et dans ma relation amoureuse. Chaque fois que je vis authentiquement mes émotions, l'autre sait qu'il n'est pas seul, que je l'accepte vraiment et que même si je ne tente pas de le sauver ou de prendre la responsabilité de ce qu'il vit, je peux être touchée par ce qu'il est ou par ce qu'il dit et l'exprimer verbalement ou non sans nécessairement déplacer l'attention sur moi-même: je manifeste simplement ma participation authentique à la relation. Cette attitude, si elle est le reflet d'une émotion réelle, autrement dit si elle est vraie, a pour résultat de favoriser la communication, de développer la confiance en soi et en l'autre par le sentiment profond d'être enfin reconnu, entendu, aimé, ce qu'elle suggère inconsciemment. C'est une communication qui fait émerger la personne du personnage et lui donne les ailes de la liberté intérieure, cette liberté d'être authentiquement soi-même ici et maintenant dans toute relation.

C. La capacité à vivre le présent

L'un des apports les plus importants de la gestalt-thérapie à la psychologie moderne est l'importance qu'elle accorde à la notion «ici et maintenant» dans le fonctionnement physiologique et psychologique d'un être humain. Perls a identifié, par cette contribution, l'un des éléments fondamentaux de la communication authentique et de la capacité à «être en relation».

Il n'existe pas, selon moi, de communication authentique sans capacité à vivre le présent de la relation. Qu'est-ce à dire? Vivre le présent de la relation, c'est être en contact avec le vécu et les besoins déclenchés par l'autre dans l'«ici et maintenant» de la rencontre, c'est ne jamais perdre de vue la réalité présente, ne jamais décrocher de l'«ici et maintenant» et ne jamais laisser l'autre s'éloigner dans un ailleurs qui l'écarte de la relation vécue à ce moment précis, c'est garder le contact par l'écoute et c'est être là.

Cette aptitude à être présent est loin d'être acquise dans le domaine relationnel chez la plupart des personnes. Elle exige comme préalable une capacité à sentir, à vivre et à exprimer l'émotion vécue ici et maintenant dont le déclencheur est la personne avec laquelle on est en contact.

Qu'arrive-t-il du passé proche ou éloigné? Ne jamais en parler? Le lien avec le passé est loin d'être négligeable puisque chacun est, dans le présent, constitué par ce passé. Quelle est donc sa place dans la communication authentique? Comment lui donner cette place tout en vivant dans le présent? Est-ce vraiment possible?

Le lien avec le passé, dans la relation, se présente de deux façons. Il est inévitablement présent quand on parle d'un événement passé et de ce qu'on a vécu à l'occasion de cet évènement ou quand on parle d'une tierce personne en faisant référence à des faits ou à des expériences vécues antérieurement avec elle. Il est aussi présent lorsqu'un déclencheur actuel éveille des émotions refoulées par le passé. Que se passe-t-il alors dans la communication authentique? Comment rester en relation ici et maintenant quand le passé intervient?

Lorsque, dans la relation, une personne parle à l'autre d'une tierce personne ou d'un événement passé, la communication authentique est maintenue si le récepteur reste bien en contact avec ce qu'il vit à ce moment précis et s'il l'exprime à l'émetteur. Voici des exemples de réactions d'un récepteur présent à la relation dans un tel cas:

- Quand tu me parles de ta relation avec ton fils, je suis très touchée par l'amour que tu as pour lui, cependant je suis mal à l'aise quand tu le rends responsable de ta souffrance parce que, à ce moment-là, tu deviens une victime. Je me sens impuissante et ça me fait mal de te voir donner aux autres le pouvoir sur toi.

- Quand je t'entends critiquer tes amis et raconter ce qui s'est passé avec eux, je suis très mal à l'aise parce que j'ai peur que tu ne me dises pas directement les malaises que tu vis par rapport à moi quand on se rencontre et que tu me critiques par la suite comme tu le fais avec eux.

- J'aime quand tu me parles de ta relation avec ton copain. Tu exprimes tellement de satisfaction que j'en ressors toujours pleine d'espoir face à mes relations amoureuses.

- J'ai beaucoup de mal à te suivre et à maintenir mon intérêt quand tu me racontes ce qui se passe à ton travail. Il m'est difficile de t'écouter quand tu me parles des autres et que tu ne me parles pas de toi.

Ces réactions authentiques maintiennent la relation parce que, tout en donnant sa place au passé, elles ne décrochent pas du vécu présent par rapport à ce passé. Le récepteur exprime ce qu'il vit à ce moment de façon responsable, même si c'est difficile, tout en informant l'émetteur de ce qui, dans son discours, déclenche sa réaction. Autrement, chacun risque de fuir dans ce que j'appelle un «racontage» stérile qui ne fait qu'entretenir l'insatisfaction et l'ennui par l'absence de relation et de communication authentique. La réaction authentique d'un récepteur attentif à lui-même et à l'autre est toujours propulsive et réconfortante. Elle est aussi sécurisante parce qu'elle est vraie et elle maintient la relation vivante parce qu'elle ne décroche pas de la réalité présente.

J'ai passé de nombreuses années de ma vie à entretenir des relations insatisfaisantes, sources de souffrance où il n'y avait pas de communication authentique, par peur de perdre. Comme j'ai reçu en héritage une grande capacité d'écoute, d'empathie et d'ouverture, j'ai passé des heures à écouter les autres me parler de leur passé ou d'une tierce personne en me niant complètement moi-même pour ne pas les blesser, pour être aimée, pour être reconnue. Effectivement, je me sentais valorisée par les confidences que j'attirais et la discrétion que j'assurais, mais je ne me donnais pas de place dans ces relations. Je refoulais mes malaises du moment pour ne m'occuper que des besoins de l'autre. J'écoutais attentivement, je suivais l'autre à la trace dans ce passé qu'on me racontait, et je faisais complètement fi de mon vécu et de mes propres besoins dans le présent de la relation, ce qui contribuait à maintenir le discours de l'autre en dehors du présent et le privait de mes réactions. Par mon manque de participation à la relation, par mon écoute passive, par la négation de mes émotions et de mes besoins, je me transportais dans le passé de l'autre, ce passé très souvent rempli d'échecs relationnels, ce qui avait pour effet d'entretenir ses patterns insatisfaisants et les miens et de me faire taire mon besoin d'exister. J'étais une oreille qui suivait, attentive, le discours d'une personne aux prises avec une autre, absente. Spectatrice d'un duo, je répondais aux besoins d'épanchement des autres sans m'occuper de mon besoin de communiquer et d'être en relation. Je me transformais en un instrument au service des autres. Il m'arrivait aussi d'utiliser l'autre comme instrument d'écoute, pour déblatérer contre les autres et ressasser des histoires passées sans être vraiment présente à la personne qui m'écoutait. Dans un cas comme dans l'autre, je ressortais toujours avec un sentiment de vide, d'inexistence, d'isolement.

Je n'ai compris que plus tard, au cours de ces nombreuses années de travail sur moi (que je poursuis toujours d'ailleurs), pourquoi il est si difficile d'être en relation. Cela suppose une capacité à être non seulement à l'écoute de l'autre, mais à être aussi attentif à ce qui se passe en soi ici et maintenant et à le communiquer à l'autre, autrement dit, une capacité à prendre sa place, à se reconnaître et à exister pleinement de manière à vivre un dialogue et non à être le spectateur ou l'auteur d'un monologue. De cette façon, même si l'une ou l'autre des personnes concernées parle de son passé ou d'une tierce personne, la communication persiste et la relation n'est jamais suspendue par l'absence de participation authentique de l'une ou de l'autre ni par une rupture avec le présent. Sans cette interaction, sans cette interdépendance d'«investissement personnel» ici et maintenant, aucune relation profonde et créatrice n'est possible, la communication authentique ne peut s'établir.

Je ne saurais trop insister sur l'importance du présent dans la relation et ce, sans renier ou bannir le passé qui nous constitue et qui fait partie de nous. Cette réalité fait que, en nous occupant de façon responsable de notre vécu et de nos besoins dans le présent de la relation, nous nous occupons, par le fait même, de notre souffrance passée non exprimée. Celle-ci étant toujours présente dans notre psychisme et dans notre corps, n'importe quel déclencheur extérieur, qu'il s'agisse de notre père, de notre mère, d'une amie, d'un conjoint ou d'un événement, peut faire émerger non seulement l'émotion présente, mais peut avoir un impact sur une émotion passée qui y correspond. Pourquoi? Parce qu'un déclencheur qui ramène à la mémoire inconsciente des déclencheurs passés, fait ressurgir dans le présent de la relation non seulement l'émotion provoquée par le déclencheur du moment, mais toutes celles qui ont été refoulées lorsque ce même type de déclencheur est intervenu par le passé. Si, par exemple, mon conjoint se retire dans le silence et le mutisme chaque fois qu'il vit un malaise et que mon père avait la même attitude quand il n'était pas bien, il est évident que cette attitude de fermeture de mon conjoint, chaque fois qu'elle se manifestera, déclenchera en moi une souffrance d'autant plus grande qu'elle éveillera, en plus de la douleur présente, toute la douleur passée non exprimée face à mon père. Ainsi l'expression de la souffrance présente libère la souffrance passée et risque de rétablir la relation si l'émotion est exprimée de façon authentique et responsable ici et maintenant au cours de cette relation. C'est, à mon avis, de cette façon, et de cette façon seulement, que la libération de l'émotion passée est créatrice, parce qu'elle est déclenchée dans le présent et vécue ici et maintenant dans cette relation. Elle est créatrice parce que, contrairement à l'expérience passée, elle appartient à l'expérience présente, avec toute son intensité dans une relation où il y a communication authentique. C'est d'ailleurs pourquoi il est important de ne jamais juger ou réprimer, chez quiconque, la réaction émotive à un déclencheur. La réaction est purement et inévitablement subjective et son intensité ne dépend pas seulement du déclencheur extérieur mais aussi de la charge émotive refoulée dans le passé par rapport à ce même type de déclencheur, charge qui s'ajoute à la souffrance présente.

L'accueil de la réaction émotive à un déclencheur, si intensive soit-elle, est le meilleur facteur de transformation qui soit. Parce qu'il est accepté et reçu dans son émotion sans être ni jugé ni contrôlé, ni réprimé, le récepteur apprend à s'accepter lui-même et découvre une expérience relationnelle positive qui transforme progressivement ses affects négatifs en affects positifs par rapport à la relation (Michel Lobrot, 1980). Autrement dit, si l'ensemble des relations affectives qu'une personne a connues a été marqué par la répression de l'émotion, le jugement, le blâme ou le rejet, ses expériences de ce type de relation seront douloureuses et son psychisme sera formé d'affects négatifs par rapport à la relation affective, c'est-à-dire d'une charge d'émotions pénibles refoulées. Si, par la suite, ses expériences de la relation affective sont aussi répressives par rapport à l'émotion, sa charge d'affects négatifs augmentera et sa souffrance sera de plus en plus insupportable.

Que faire pour soulager cette souffrance?

Certains croient qu'une approche qui favorise, voire provoque, la libération des émotions refoulées dans le passé, affranchit une personne de sa souffrance. Je ne le crois pas. Je crois plutôt que la libération pour la libération n'a rien d'utile en soi parce qu'on ne se débarrasse pas de ses émotions comme on se départit d'un poids ou d'un fardeau qu'on porte sur ses épaules. Ce n'est pas la libération qui est bénéfique, mais la relation affective vécue ici et maintenant entre un émetteur et un récepteur, que cet émetteur soit un ami, un médecin, un psychologue, un thérapeute en relation d'aide ou un parent. À mon avis, toute communication authentique repose sur la relation affective qui s'établit entre les personnes concernées **dans le respect des rôles de chacun**. Elle repose aussi sur la capacité de l'écoutant à recevoir les émotions de la personne qui parle dans toute leur intensité sans les juger ni les banaliser et surtout à porter toute son attention sur le vécu de cette personne et non sur les faits, les événements ou les autres. Il ne s'agit pas, par cette écoute, de chercher un coupable. Ce genre d'écoute ne fait qu'entretenir le pattern de victime et la perte de pouvoir sur sa vie. Il s'agit d'une écoute qui entend la souffrance ou la joie, d'une écoute réceptive qui fait vivre une expérience relationnelle agréable, qui transforme les affects négatifs de la relation en affects positifs et qui aide la personne à reprendre le pouvoir sur sa vie de façon à ce qu'elle ne se replace plus dans des situations qui la conduisent vers l'échec relationnel. Je suis même profondément convaincue, expérience à l'appui, que c'est ce type d'écoute et la relation affective qui la sous-tend qui favorisent la transformation intérieure vers un mieux-être. Accompagner une personne dans sa souffrance sans être en relation avec elle n'est pas suffisant pour transformer les affects négatifs en affects positifs. Dans bien des cas, cela ne peut qu'entretenir la souffrance par l'expérience d'une autre absence de relation, favoriser l'apitoiement et renforcer le sentiment de solitude de la personne qui a mal.

Toute communication, pour être transformatrice, qu'elle se fasse entre un thérapeute et un client, un professeur et un élève, un père et son fils, entre deux amis ou entre deux conjoints, doit se faire à l'intérieur d'une relation.

Pour rester en relation, il ne suffit pas d'être présent à soi-même et de s'exprimer, mais il importe aussi de ne jamais laisser l'autre vivre seul son discours, sa peine, sa souffrance quand nous sommes en sa présence. Il est essentiel de maintenir le contact constant par le regard, les réactions ou la participation. Autrement dit, l'aidé doit nécessairement rester dans la réalité présente et ne jamais décrocher de cette réalité même s'il parle du passé, même s'il vit des émotions par rapport à ce passé. Et la réalité, c'est qu'il n'est pas seul et que nous sommes avec lui. La réalité, c'est la relation qui se déroule ici et maintenant entre lui et nous. Ainsi au lieu de pleurer sa souffrance à côté de nous, il la pleurera avec nous en restant en relation. Il connaîtra de cette façon une expérience positive de la relation, en ce sens qu'il découvrira qu'il peut s'assumer pleinement, exprimer librement son vécu, sa souffrance dans un échange où il se manifeste à l'autre et où il a enfin le sentiment d'exister.

En écrivant ces lignes, je ne peux m'empêcher de penser à Yannick qui fut mon élève pendant quelques années, dans le cadre de la formation des thérapeutes au Centre de Relation d'Aide de Montréal. J'ai conservé le merveilleux souvenir d'un homme sensible qui éprouvait cependant de la difficulté à accepter sa vulnérabilité d'homme. Ainsi, chaque fois qu'une personne ou une situation déclenchait en lui un malaise, il était incapable de refouler son émotion; cependant il était aussi incapable, par peur de blesser, de vivre cette émotion en restant dans la relation, c'est-à-dire en reconnaissant le déclencheur présent. Il pleurait alors en parlant de sa souffrance d'enfant, de la mort de sa mère, de la violence de son père. De cette façon, il pouvait exprimer son émotion, mais il cherchait le déclencheur dans le passé plutôt que dans la relation présente. Cette attitude entraînait plusieurs conséquences: Yannick s'attirait d'abord de la pitié plutôt que de l'amour et, de plus, il se sentait toujours abandonné et ne connaissait pas de relations satisfaisantes. Il s'attirait du maternage, de la prise en charge ou du rejet. Dans un cas comme dans l'autre, il en ressortait toujours avec un sentiment de n'être pas important, d'être petit et sans intérêt.

L'homme d'âge mûr n'est plus un enfant et, lorsqu'il s'infantilise pour vivre ses émotions, il s'attire des pères, des mères, non des amis et des partenaires. Ce qui, de plus, contribuait aux insatisfactions de Yannick, c'est qu'il n'entrait jamais en relation. Dès qu'un déclencheur le touchait, il se coupait de ce déclencheur et du vécu qui lui était lié pour s'en aller dans le passé de façon à pouvoir vivre sa peine ouvertement et la rendre ainsi acceptable pour lui. En agissant ainsi, il ne connaissait pas le bonheur d'être en relation. Je crois d'ailleurs que l'émotion est toujours suscitée par un déclencheur dans le présent de la relation. Comme le psychisme porte la charge émotive refoulée du passé, le déclencheur du moment augmente l'intensité de l'émotion vécue ici et maintenant en ajoutant à la souffrance du moment celle des souvenirs passés. Cependant, vivre cette intensité en se réfugiant dans le passé, sans tenir compte du présent de la relation et du déclencheur du moment, c'est se couper de la relation et entretenir une incapacité à communiquer authentiquement.

Revenons à Yannick. J'étais animatrice dans un groupe et nous en étions à une étape où les participants peuvent, s'ils le veulent, s'exprimer devant leur groupe à la suite d'un exercice. Yannick a demandé la parole et dès que j'ai porté mon attention sur lui, il s'est mis à pleurer et à me parler de sa mère qu'il avait perdue très jeune et de son père qui l'avait battu. Tout en l'écoutant, j'entendais des commentaires d'impatience autour de moi. Certains étaient excédés d'entendre, semble-t-il, les plaintes répétées de Yannick au sujet de son enfance. D'autres, par contre, le prenaient en pitié. J'étais moi-même mal à l'aise et, tout en l'écoutant, je suis restée en contact avec ce vécu désagréable qui m'habitait. Il était important pour moi d'être authentique avec lui sans le rejeter. Voici à peu près ce que je lui ai dit:

- Yannick, je vois que tu as eu une enfance malheureuse pendant laquelle tu as beaucoup souffert. J'entends bien ta peine, mais je vis quand même un malaise à t'écouter. J'observe que tu me parles de ta souffrance d'enfant et je ne vois pas ce qui dans ce groupe a déclenché cette souffrance.

- Je ne sais pas, c'est venu tout seul, m'a-t-il répondu.

- Je te propose de bien prendre contact avec ce qui se passe ici, de regarder les gens de ton groupe et de me dire s'il y a une personne avec laquelle tu n'es pas bien.

Son regard s'est tout de suite posé sur Renée.

- Je suis mal avec Renée, dit-il en sanglotant. Chaque fois que je veux faire un exercice avec elle, elle refuse et tout à l'heure elle m'a dit qu'elle ne voulait plus être sollicitée par moi dans ce cours parce qu'elle se sentait envahie.

- Tu t'es senti rejeté par Renée et ça te fait beaucoup de peine.

- Oui. Mon père aussi me rejetait de la même manière et je ne veux plus vivre ce rejet-là, dit-il d'un ton colérique.

- Ça te fait vivre beaucoup de colère.

- De la colère, oui, et j'en veux à mon père et à Renée de me rejeter. J'ai besoin d'être aimé, non pas d'être rejeté, ajouta-t-il sur un ton beaucoup plus doux.

Cette fois, j'ai dit à Yannick à quel point j'étais touchée par sa peine d'homme, alors que je ne l'étais pas quand il s'infantilisait. J'étais touchée et je me sentais en relation avec lui parce qu'il était présent à ce qui se passait dans le groupe, ce qui ne l'a pas empêché de faire le lien avec son passé, mais sans s'y complaire et sans décrocher du présent de la relation. Je lui ai dit que je n'étais pas bien quand il se présentait comme un petit garçon, que cela ne passait pas parce que, dans la réalité, devant moi, se tenait un homme et non un enfant. Il a été complètement renversé par ma réaction.

- Je n'avais jamais vu cela. Personne ne m'a jamais dit ce que tu viens de me dire. Tu ne peux savoir à quel point je suis content. Je ne sais pas comment te remercier.

Chaque fois que je rencontrais Yannick, il me remerciait. Cette prise de conscience avait changé sa vie relationnelle. Il m'en était très reconnaissant!

Qu'est-ce qui, dans mon intervention, l'avait aidé? Des techniques? Non. Il a été éclairé dans son fonctionnement par ma capacité à écouter mon vécu et le sien, à être authentique, à vivre cette relation ici et maintenant, à observer et à être en relation.

Au cours de cette expérience, Yannick s'est enfin senti reconnu, accepté et aimé dans sa souffrance non seulement par moi, mais par le groupe. Pour la première fois, il s'est senti exister pour les autres. Il n'en revenait pas. Il a fait l'expérience de vivre authentiquement avec des personnes présentes, des personnes qui se reconnaissaient, qui se donnaient une place ici et maintenant dans la relation, des personnes qui pouvaient le reconnaître parce qu'elles avaient été vues, entendues, reconnues par lui.

Être en relation, c'est donc ne jamais perdre contact avec la réalité du moment, ne jamais décrocher de l'«ici et maintenant» et ne jamais laisser l'autre partir seul à côté de soi.

Être en relation, c'est se reconnaître suffisamment soi-même pour être en mesure de prendre sa place dans une relation et d'exprimer de façon authentique et responsable sa vérité profonde sans la déformer, la diminuer ou l'exagérer.

Être en relation, c'est aussi être capable d'entendre et d'accueillir l'émotion de l'autre dans son intensité sans la réprimer, la juger, la banaliser, l'interpréter et sans perdre la sienne de vue. C'est précisément cette capacité à vivre la relation présente, à intégrer le passé au présent dans l'authenticité, la responsabilité et l'amour qui transforme progressivement la souffrance en paix intérieure. Dans ce cas, la communication devient non seulement libératrice, mais nourrissante et créatrice parce qu'elle est authentique et ne néglige pas les exigences d'interaction, d'influence mutuelle et d'interdépendance affective du «être en relation». L'exemple de

Yannick nous fait voir clairement l'importance de l'émotion et du moment présent dans la communication authentique, ce type de communication qui n'accorde pas moins d'importance aux facultés rationnelles.

D. La capacité à utiliser ses facultés rationnelles

Comme je l'ai longuement démontré dans *Relation d'aide et amour de soi* par mon exposé sur la constitution du cerveau humain et du psychisme, l'émotion occupe, dans le fonctionnement humain, un rôle d'éclaireur et de guide, spécialement quand elle est reconnue. Bien que je lui accorde une importance capitale en ce qui concerne le fonctionnement interne des processus relationnels, je reconnais toutefois le rôle fondamental de l'aspect rationnel dans toute communication authentique. Sans cette dimension, il me serait d'ailleurs impossible d'écrire ce livre. En effet, la raison est une faculté qui permet de connaître, de comprendre, de penser, d'observer, de discerner, d'organiser la pensée, de structurer les idées, d'analyser, de synthétiser, de prendre conscience, d'agencer les mots en phrases, en paragraphes, de prendre la parole.

Quelle est alors la place de la raison dans le processus relationnel? Est-elle une alliée de l'émotion ou une intruse dans la relation?

Quand la raison intervient pour bloquer le vécu émotionnel, elle partage la personne en deux et domine le psychisme. Cette intervention défensive de la raison empêche la relation avec soi et avec les autres parce qu'elle prive la personne de cette harmonie intérieure qui naît de l'union de la raison et de l'émotion dans le respect de leurs fonctions respectives.

Jeannine constitue un bel exemple de cette intervention défensive de la raison. Elle avait une quarantaine d'années quand elle est venue me consulter pour parler de ses problèmes relationnels. Malgré sa beauté, son intelligence et sa réussite professionnelle, elle n'était pas arrivée à créer des relations durables, spécialement sur le plan amoureux et amical. Elle papillonnait d'une personne à l'autre et se sentait toujours seule et abandonnée. Ce n'est pas le récit de tous ses espoirs relationnels déçus, mais surtout le présent de sa relation avec moi qui a pu l'aider. Chaque fois que je lui faisais part de mes observations sur son fonctionnement relationnel, elle niait, se justifiait et accusait les autres. En fait, Jeannine était incapable de rester en relation avec les autres parce qu'elle n'arrivait pas à être en relation avec elle-même. Quand elle vivait un malaise dans une relation, sa raison intervenait pour bloquer ses émotions, ce qui rendait son attitude plutôt défensive. Ce comportement inconscient avait pour effet d'éloigner les autres alors qu'elle voulait s'en rapprocher. Par exemple, quand je lui ai fait remarquer qu'il était difficile pour elle de faire de la place à ses émotions dans ses relations, elle m'a répondu qu'elle n'était pas venue en thérapie pour parler d'émotions mais pour régler ses problèmes et pour trouver des moyens d'amener «les autres» à s'engager dans leur relation avec elle. Il est évident que mon observation l'avait dérangée, mais elle n'a pas laissé de place à ce qu'elle ressentait. Il était important pour moi de lui faire voir sa réaction défensive au moment même de sa relation avec moi, puisque toute intervention au sujet de ses relations avec les autres n'aurait pu être reçue que rationnellement, étant donné qu'elle me parlait d'événements passés et qu'elle ne ressentait plus l'émotion vécue à ce moment-là. C'est en prenant progressivement conscience des émotions vécues dans sa relation avec moi et de la façon dont elle s'en défendait qu'elle a pu vraiment saisir ce qui, dans son fonctionnement avec les autres, la conduisait toujours vers les mêmes culs-de-sac. Elle a découvert à quel point son intelligence rationnelle, qui avait toujours servi à la valoriser, lui avait aussi joué de mauvais tours. En l'utilisant pour prendre conscience de son corps et de ses émotions, elle s'est aperçue qu'elle était envahie par la peur d'être en relation et que c'était elle qui était responsable de ses échecs relationnels. Ainsi, en harmonisant la raison et l'émotion à l'intérieur d'elle-même, elle a expérimenté avec moi ce qu'est une relation satisfaisante. Cette expérience et ce qu'elle en apprit eurent un impact positif important sur sa vie relationnelle parce qu'elle n'avait pas seulement appris rationnellement comment régler ses problèmes relationnels, mais elle avait aussi vécu l'expérience d'une relation satisfaisante. Elle ne partait pas, après deux ans de thérapie, avec des trucs et des recettes miracles, mais transformée par une harmonie intérieure acquise grâce au «miracle» de la relation.

Comment se réalise cette harmonie?

Notons d'abord que la raison n'a aucun contrôle sur l'apparition de l'émotion dans le psychisme puisque celle-ci naît spontanément, en réaction immédiate à un déclencheur réel ou imaginaire. Souvent, parce que le vécu émotionnel est affligeant, la raison prend toute la place, ce qui insensibilise la personne: elle ne ressent plus rien. Mais on sait qu'une émotion dont la place a été prise par la raison ne disparaît pas. Elle s'est enregistrée dans le corps où, à long terme, elle produit des malaises physiques plus ou moins graves qui forcent la personne à être attentive à son corps. Dans ce cas, et de toute façon, une émotion non entendue finit toujours par reprendre sa place par le biais de la maladie.

Par contre, quand l'émotion naît, la raison peut devenir son associée plutôt que sa compétitrice de façon à contribuer toutes les deux à la croissance de la personne. La raison s'associe à l'émotion lorsque, au lieu de la masquer pour mieux dominer, elle prend conscience de son existence. C'est elle qui aide à débroussailler le chaos émotionnel. C'est elle qui reconnaît le malaise et qui, par le langage verbal, lui donne un nom, une identité. En fait, l'émotion en tant que phénomène irrationnel, a besoin du rationnel pour manifester son existence dans la relation. Alors s'allient le corps, l'émotion et la raison dans une harmonie qui permet la communication authentique.

Un soir, quand Jacques est rentré de son travail, il a trouvé Louise effondrée dans un fauteuil du salon. À ses tentatives pour s'en approcher, elle opposait un lourd silence, un regard fixe et son corps repoussait ses étreintes. Jacques se sentait très mal et n'arrivait plus à atteindre Louise d'aucune façon parce qu'elle était coupée de ses émotions. Son corps lui parlait, bien sûr, mais ce seul langage l'insécurisait et ne suffisait plus à assurer une communication. Ce n'est que lorsque Louise s'est permis de vivre ses émotions et d'exprimer son vécu qu'il a pu rétablir le contact avec elle. La raison qui maîtrisait l'émotion s'était retirée. Louise a pu sentir sa souffrance et, grâce à la complicité du rationnel, elle a pu exprimer ses émotions, ce qui a rétabli la relation.

Beaucoup de gens refoulent leurs émotions ou s'empêchent de les exprimer parce qu'ils ont peur de la réaction des autres ou peur de souffrir. Aussi attendent-ils d'avoir tout identifié, tout analysé ce qui se passe à l'intérieur d'eux-mêmes pour se dire. Cette attitude conduit inévitablement à l'insatisfaction parce que l'analyse de l'émotion coupe la personne d'elle-même en lui enlevant la spontanéité et le naturel liés à l'expression du vécu. En fait, quand la raison prend conscience de la présence de l'émotion, il est important qu'elle fasse confiance à la magie du langage verbal pour la clarifier. Autrement dit, l'expression spontanée de l'émotion entraîne des prises de conscience extraordinaires. Combien de fois ne vous est-il pas arrivé de prendre conscience de quelque chose tout en parlant? L'expression verbale et spontanée de soi **dans toute relation** a toujours un impact plus grand en matière de connaissance de soi et de résolution des difficultés relationnelles que n'importe quel monologue intérieur. Nous voyons ici l'importance indéniable de la raison dans la communication authentique. Il ne suffit vraiment pas de vivre l'émotion, mais de prendre conscience de sa présence dans le corps et le psychisme et de l'exprimer. On ne peut nier le rôle fondamental du langage dans la communication. S'il est vrai que le corps parle et que le silence est un langage, il n'en reste pas moins que la relation authentique a besoin de mots. Pour mieux comprendre l'importance de cette affirmation, définissons d'abord le mot «langage».

Le Petit Robert définit le langage comme une «fonction d'expression de la pensée et de communication entre les hommes, mise en oeuvre au moyen d'un système de signes vocaux (parole) et éventuellement de signes graphiques (écriture) qui constitue une langue». Par cette définition, on voit que le langage est une fonction de nature rationnelle. Lorsqu'il est l'expression de la raison sans lien avec le vécu, il est froid, aride, insensible; par contre, lorsque cette même raison accueille l'émotion, les mots deviennent vivants, sensibles et pleins.

Dans toute communication authentique, l'intervention du langage verbal en tant qu'expression de soi est essentielle. Dans l'exemple précédent, Louise en voulait à Jacques de ne pas la deviner. Elle voulait qu'il décode son langage non verbal. Il voyait bien par les messages de son corps que quelque chose n'allait pas, mais le seul langage corporel est nettement insuffisant pour communiquer, à moins de l'interpréter. Il faut sentir ce que l'on vit et l'exprimer par des mots. On peut souffrir de ses complexes et de ses patterns et s'enfoncer dans cette souffrance pendant des années ou même toute sa vie, mais à partir du moment où on en prend conscience et où on l'exprime, on commence à vivre et à récupérer la maîtrise de sa vie. Je dis bien «on commence» parce que la prise de conscience ne constitue que la première étape du processus de changement. (*Relation d'aide et amour de soi*, p. 255 à 319)

Nous constatons donc à quel point le rôle de la raison, lorsqu'elle ne se place pas sur la défensive, est important dans un processus relationnel satisfaisant. Pour qu'elle soit complice de l'émotion, elle doit accepter que l'irrationnel précède toujours le rationnel dans le fonctionnement d'un être humain. L'émotion apparaît d'abord et la raison, au lieu de prendre toute la place, l'accueille par la prise de conscience. C'est la conjugaison du senti émotionnel et de la raison qui fait avancer la personne dans son cheminement intérieur parce que tout apprentissage qui se fait en alliant ces deux forces est toujours intégré. L'apprentissage qui nie l'une ou l'autre de ces facultés reste toujours superficiel et évanescent. Autrement dit, on ne peut progresser, évoluer vraiment sans respecter le fonctionnement harmonieux du psychisme humain. Trop valoriser l'émotion, c'est souvent s'enfoncer dans une souffrance stérile et destructive; par contre, valoriser à l'excès la raison, c'est se vouloir supérieur, se désincarner, se dissocier de soi. Dans les deux cas, il ne peut exister de relation avec l'autre parce que l'harmonie intérieure n'existe pas.

Mais en plus de valoriser la communication par l'expression du vécu émotionnel, quelle est donc la place de la raison dans la relation avec l'autre?

Lorsqu'elle ne joue pas un rôle défensif et qu'elle travaille en harmonie avec l'émotion, la raison est vraiment la faculté qui permet de distinguer clairement ce qui appartient à l'un et l'autre. Elle empêche ou prévient la confusion, le bouleversement, l'imbroglio qui causent les conflits, les incompréhensions, les rivalités.

Comment le rationnel peut-il favoriser l'harmonie relationnelle?

Il est bien évident qu'être en relation avec l'autre suppose une capacité à être en relation avec soi, c'est-à-dire à harmoniser en soi la raison et l'émotion. Dans la relation avec l'autre, la communication se maintient si l'émotion déclenchée par l'autre à l'intérieur de soi n'est pas bloquée par la raison. Dans ce cas, la faculté rationnelle a une double fonction: celle de prendre conscience de l'émotion, de l'exprimer de façon responsable, c'est-à-dire sans interpréter, sans juger, sans blâmer ni accuser et celle d'observer le déclencheur de façon objective, précise. Autrement dit, la communication authentique est basée sur un équilibre du subjectif et de l'objectif et c'est la faculté rationnelle qui perçoit nettement la différence entre les deux. C'est elle qui, en donnant sa place au vécu émotionnel et en l'exprimant, reconnaît la part indéniable et essentielle de la subjectivité dans la communication. Elle reconnaît la perception, l'émotion, le sentiment, le senti, le vécu qui sont de l'ordre du subjectif et de l'irrationnel. Elle a aussi une fonction objective qui consiste à observer les déclencheurs de l'émotion. Il ne s'agit pour elle ni d'analyser les autres et de décortiquer leur fonctionnement ou de l'interpréter, ni de décider de leurs intentions, de leurs émotions, de façon à les rendre coupables et responsables de nos souffrances, ni de les étiqueter par des jugements, des interprétations et des projections. Lorsque la raison intervient de cette façon, elle est à l'origine de conflits parce qu'elle contrôle l'émotion et place la personne sur la défensive, la rend irresponsable en la privant de sa subjectivité émotionnelle. Pour être efficace, la raison doit remplir sa double fonction, c'est-à-dire prendre conscience, à la fois de l'émotion intérieure et du déclencheur extérieur. Dans ce dernier cas, elle ne doit jamais dépasser l'observation objective précise (OOP), cette capacité de la personne à observer objectivement les autres sans interpréter à partir de soi, ce qui permet de distinguer clairement ce qui appartient à chacun et de vivre harmonieusement avec les différences.

Chaque fois que Louise rencontrait Germaine, elle ressentait des malaises qu'elle n'écoutait pas et qu'elle n'avait pas vraiment identifiés. Elle n'était donc pas en relation avec elle-même. Aussi avait-elle tendance à blâmer Germaine, à chercher dans chacune de ses paroles et dans chacun de ses comportements, les mots, les gestes qui pouvaient justifier sa répulsion. Elle utilisait ainsi sa raison de façon défensive en essayant de rendre l'autre responsable de ses malaises et elle perdait ainsi la maîtrise de sa vie.

Lors d'une démarche thérapeutique où elle écouta sa souffrance, elle prit conscience qu'elle avait peur d'être jugée et rejetée par cette femme qu'au fond elle admirait. Elle comprit que la réussite de Germaine (observation objective précise) déclenchait en elle un sentiment d'infériorité qu'elle ne montrait pas (vécu). Au contraire, elle tentait toujours de démontrer à Germaine sa valeur et elle tâchait alors de prouver sa supériorité, ce qui repoussait au lieu d'attirer (attitude défensive). En utilisant sa raison pour accueillir son malaise intérieur et pour observer le déclencheur extérieur de sa souffrance au lieu de décortiquer les paroles et attitudes de l'autre, elle récupéra le pouvoir de se changer et d'entrer en relation avec ce qu'elle était réellement sans devoir se montrer supérieure. Elle évita ainsi de tomber dans les mécanismes défensifs du blâme, de la projection, du jugement et de l'interprétation pour ne se limiter qu'à l'observation objective précise du déclencheur.

Donner à la raison sa place sans pour autant la laisser envahir l'espace émotionnel exige un long travail sur soi. Ce qui se passe généralement dans le domaine relationnel, c'est que, face aux malaises déclenchés par «l'autre», la raison intervient, bloque le vécu émotionnel et entraîne la personne dans l'interprétation, le jugement ou la projection. Cette intervention défensive de la faculté rationnelle a pour conséquence de perturber la relation parce qu'aucun être humain n'aime être jugé et voir ses intentions déformées. Par cette ingérence, la raison contrôle non seulement l'émotion qu'elle a bloquée à l'intérieur même de la personne concernée, mais aussi l'autre personne avec laquelle elle tente d'être en relation.

Chaque fois que Michel faisait une demande à son amie Hélène et qu'elle lui répondait de façon négative ou posait ses limites, il la jugeait sévèrement. «Tu n'as aucune souplesse, lui dit-il un jour, tu ne fais que me rejeter et en plus tu ne penses qu'à toi.» En fait, quand Hélène refusait de répondre à ses besoins, Michel n'écoutait pas son émotion, il intervenait de façon défensive en jugeant, en interprétant et en projetant sur elle ses propres pensées. Que se passait-il en réalité? La raison, au lieu de travailler en harmonie avec l'émotion afin de l'identifier, s'en était détachée pour dominer, ce qui avait eu pour effet d'amener constamment Michel à s'occuper de l'autre plutôt de prendre conscience de ses émotions. Cette réaction défensive entraîne soit le conflit, soit le refoulement et une attitude de fermeture.

Comment rétablir la communication dans un tel cas? Il est bien évident que, ici, la raison doit laisser émerger le malaise émotionnel pour ensuite en prendre conscience et l'exprimer. Qu'a ressenti Michel devant le refus d'Hélène d'adhérer à sa demande? En se centrant sur lui-même, il a identifié sa peine, sa peur du rejet, sa peur de ne pas être aimé. Toutes ces émotions n'avaient pas eu leur place dans la relation, ce qui avait amené Michel à réagir dans le sens contraire de ses besoins. Il avait peur du rejet, il avait besoin d'être aimé et c'est lui qui, par manque de contact avec lui-même, rejetait l'autre. Quand il a pris conscience de son fonctionnement, il a rétabli le contact avec Hélène en lui exprimant simplement les émotions que son refus avait déclenchées en lui. Ainsi, il a laissé la place à son vécu et a donné au rationnel son vrai rôle qui est de prendre conscience du vécu, de l'exprimer et aussi de ne faire à propos du déclencheur, en l'occurence Hélène, que des observations objectives précises et non des interprétations projectives telles que «tu ne fais que me rejeter».

Que peut-on observer objectivement chez Hélène? Seuls ses mots réels, ses silences, ses gestes et le langage de son corps sont observables. Ainsi, on peut observer qu'elle a fermé les yeux, qu'elle a souri, qu'elle a dit «non», qu'elle n'a pas répondu à la question posée, qu'elle est en retard de dix minutes, etc. Mais on ne peut observer qu'elle manque de souplesse. Il s'agit donc là d'une interprétation, à moins qu'Hélène ait dit elle-même qu'elle en manquait.

À quoi sert l'observation objective précise du déclencheur? Reprenons l'exemple précédent. Michel peut découvrir par l'observation objective précise que, chaque fois qu'Hélène refuse d'accéder à ses demandes, il a peur du rejet, de ne plus être aimé. Cette découverte entraîne plusieurs conséquences favorables. Elle a pour avantage de lui donner le contrôle de sa vie, le pouvoir de se connaître et de connaître les déclencheurs de sa souffrance. Il peut ainsi découvrir que, chaque fois qu'il essuie un refus à ses demandes, que ce refus vienne d'Hélène ou de quelqu'un d'autre, il se sent rejeté et rejette l'autre à son tour. Il peut ainsi s'apercevoir qu'Hélène n'est pas responsable de ce qu'il vit, puisqu'il répète constamment ce même fonctionnement chaque fois que ce genre de situation se reproduit. Cette découverte lui donne le pouvoir de travailler sur lui-même de façon à se donner des relations satisfaisantes. Au lieu de reprocher à Hélène de le rejeter (projection), il peut se regarder lui-même et reconnaître que, chaque fois qu'il se sent rejeté, il se rejette parce qu'il ne laisse pas de place en lui-même à la souffrance causée par le sentiment de rejet et qu'il ne l'exprime pas. Ainsi en redevenant responsable, il tentera de se changer lui-même plutôt que de changer les autres chaque fois qu'il vit des malaises relationnels. Cette découverte lui permettra alors de chercher des moyens de se protéger contre la souffrance due au rejet, plutôt que de s'en couper et de s'en défendre (*Relation d'aide et amour de soi*, p. 277 à 315). Enfin cette connaissance de son fonctionnement lui donnera la possibilité, chaque fois qu'il glissera dans l'interprétation et le jugement, de récupérer le contrôle de lui-même par l'écoute et l'expression de ses émotions et de rétablir ainsi la communication. Il est donc important, à mon avis, pour améliorer ses relations et sa capacité à communiquer, de faire un travail sur soi-même qui permette de connaître son propre fonctionnement relationnel et de connaître aussi le fonctionnement de tout processus relationnel.

E. La connaissance du processus relationnel

Lorsque deux personnes communiquent, la personne qui s'exprime verbalement ou non verbalement déclenche presque toujours chez celle qui l'écoute un vécu émotionnel. Ce vécu entraîne une réaction verbale ou

SCHÉMA DU PROCESSUS RELATIONNEL

Émetteur
▼
• *émet le message*
▼
• *déclence l'émotion* ➤ **Récepteur**
▼
• *perçoit le message*
▼
• *ressent des émotions*
▼
• *réagit*

Par sa réaction, le récepteur devient l'émetteur

Émetteur (ancien récepteur)
▼
• *réagit au message reçu*
▼
• *déclenche de nouvelles émotions* ➤ **Récepteur** (ancien émetteur)
▼
• *perçoit la réaction*
▼
• *ressent des émotions*
▼
• *réagit:*
- *par l'expression de l'émotion*
ou
- *par des mécanismes de défense*

non verbale qui peut être, entre autres, une attitude de fermeture, l'expression de l'émotion déclenchée ou l'utilisation de moyens de défense. C'est en ce sens, d'ailleurs, que l'émetteur influence le récepteur, l'influence étant une «action (volontaire ou non) qu'une personne exerce sur quelqu'un» (Le Petit Robert).

La réaction du récepteur devient donc un déclencheur pour l'autre. Ainsi, l'attitude fermée de ce dernier peut déclencher des émotions qui font réagir son interlocuteur. Par sa réaction, ce dernier redevient le déclencheur-émetteur et c'est ainsi que se poursuit l'influence réciproque qui entretient, perturbe ou brise la relation.

Et le processus se poursuit ainsi pour se terminer de façon satisfaisante ou insatisfaisante. Il est satisfaisant si l'émotion n'est pas, de part et d'autre, coupée par la raison et si elle est exprimée de façon responsable et authentique dans l'immédiat de la relation. Il est par contre perturbé ou momentanément brisé si, chez l'un ou chez les deux interlocuteurs, la raison prend la place de l'émotion et fait réagir la personne d'une manière irresponsable, défensive, par des propos au sujet de l'autre qui dépassent l'observation objective précise.

Apprendre à laisser sa place à l'émotion et à donner à la raison son vrai rôle de façon à connaître l'harmonie intérieure et extérieure dans les processus relationnels n'est pas seulement affaire de prise de conscience. Il ne suffit pas de connaître ce fonctionnement pour l'intégrer automatiquement dans sa vie quotidienne. Ayant développé très jeune des mécanismes défensifs et des patterns, il est impossible de connaître une transformation intérieure par la vertu du seul savoir et de la seule prise de conscience. Tout un travail d'acceptation est nécessaire pour arriver à s'accueillir dans ses dysharmonies relationnelles de façon à se récupérer pour recréer les relations perturbées par les réactions défensives. Ce travail d'acceptation ne peut se réaliser sans la prise de conscience que permet le travail sur soi. Et tous, nous avons le pouvoir et le choix de consacrer à cet apprentissage le temps qu'il nous faut pour l'acquérir de façon satisfaisante. En effet, nous consacrons dans notre vie beaucoup de temps au travail, aux autres, à l'organisation de la vie quotidienne et, dans certains cas, à la préparation matérielle et professionnelle de l'avenir. Mais, le temps que l'on prend pour apprendre à être en relation, à communiquer, est peut-être le plus précieux que l'on puisse se donner pour vivre une vie où les valeurs de l'être et de la relation sont enrichissantes et durables. Apprendre à se sentir, à écouter ce qui se passe en soi, à le livrer de façon responsable, à entendre l'autre et à le recevoir dans sa vérité profonde sans fuir la réalité présente, c'est plus qu'une priorité, c'est un choix de vie. Apprendre à être en relation, c'est s'ouvrir les portes de la liberté, de la créativité, de la réalisation de soi par la communication authentique.

La découverte de ce type de communication fondée sur l'écoute et l'expression authentique et responsable de la vérité profonde, passe, comme nous l'avons vu, par l'intervention harmonieuse des facultés émotionnelles et rationnelles dans le présent de la relation et, comme nous le verrons, par une intégration des éléments de la communication que nous aborderons et approfondirons dans le prochain chapitre sous un angle prioritairement psychologique.

CHAPITRE 4

LES ÉLÉMENTS DE LA COMMUNICATION

Quand j'étais professeur de français au secondaire, je me suis intéressée à l'aspect linguistique de la communication. Mes études au Programme de perfectionnement des maîtres de français (PPMF) à l'Université de Montréal m'ont ouverte à différentes théories sur le sujet, spécialement à celle du linguiste américain Roman Jakobson sur les éléments de la communication.

Jakobson, dans ses *Essais de linguistique générale* (1963), considère que toute communication implique six éléments et que chacun de ces éléments remplit une fonction précise dans la situation de communication. Influencé par d'autres chercheurs américains tels Lasswell (1948) et Shannon (1949), il a élaboré sa théorie autour des éléments suivants: l'émetteur, le récepteur, le message, le canal, le code et le référent.

Mon intérêt pour la théorie de Jakobson n'est pas surtout d'ordre linguistique mais plutôt psychologique. J'aborderai donc principalement trois de ces éléments, soit l'émetteur, le récepteur et le message dans le but de démontrer l'impact psychologique de chacun d'eux sur la communication authentique et ce, en commençant par l'émetteur.

A. L'émetteur

Toute communication exige un émetteur, c'est-à-dire, dans le cas de la relation, une personne qui s'exprime. Il est évident que, par sa seule présence, l'être humain émet des vibrations, dégage une énergie qui témoigne de ses sentiments, de ses émotions, de ses intentions et que ces vibrations ont un impact sur son entourage. Toutefois, dans le cas de la communication authentique, quand il est question d'émetteur, on parle d'une personne qui «manifeste sa pensée, ses sentiments par le langage, les gestes». Émettre, c'est rendre sensible par les mots ou par le comportement (Le Petit Robert), c'est s'adresser à quelqu'un dans le but de lui exprimer une idée, une émotion, un désir, un besoin, une opinion. Le seul fait de s'exprimer suppose un désir de toucher l'autre, de le rendre sensible pour être compris.

Il est impossible d'être en relation si on ne s'exprime pas, si on n'émet rien, si on se retire dans le mutisme, si on se ferme aux autres. Pour communiquer, il faut s'exprimer. C'est même une lapalissade que de l'affirmer. Et pourtant pour beaucoup de gens, il est loin d'être facile de se manifester à l'autre, d'entrer en relation, de se s'exprimer.

Plusieurs obstacles extérieurs et intérieurs briment l'expression de soi. Je pense entre autres à la télévision, aux jeux électroniques, à toutes ces inventions modernes qui accaparent l'attention des gens et les éloignent les uns des autres. Il ne s'agit pas de détruire ces appareils, mais de récupérer le pouvoir d'organiser sa vie en fonction des besoins de relation. J'ai vu tellement de gens devenir esclaves d'émissions de télévision de toutes sortes, se perdre dans une facilité qui nourrit leur imaginaire relationnel et en arriver à vivre dans un univers où la relation n'existe pas. Pour certaines personnes, la vie est structurée autour de rituels qui entretiennent une routine ennuyeuse les limitant à des habitudes, à des règles, à des actions répétées toujours au même moment et de la même manière, dans un cadre où il n'y a aucune place pour se rencontrer. Le travail, la télévision, la routine tuent petit à petit la relation. Pour ces personnes, les seuls émetteurs sont ceux qui proviennent des appareils; la communication entre les personnes qui sont en présence les unes des autres est à peu près absente.

Il y a, à mon avis, tout un travail d'éducation à faire pour ne pas se laisser envahir par des comportements qui empêchent toute relation. Il n'est pas suffisant de vouloir communiquer: des moyens concrets doivent être pris pour faciliter la communication.

Bien sûr, les obstacles extérieurs ne sont pas les seuls empêchements qui gênent l'expression de soi. Ils témoignent généralement de malaises intérieurs beaucoup plus puissants. En effet, c'est le plus souvent le manque de confiance en soi, le sentiment d'infériorité et la peur du rejet, du jugement ou du ridicule qui sont causes de mutisme et d'isolement. Par peur de dire, on abdique et on attend que l'autre s'exprime. Ainsi chacun se retire et voici deux personnes qui vivent dans la solitude en présence l'une de l'autre.

Jacinthe vivait avec Gilbert depuis plus de douze ans.Ils partageaient le même appartement. Quand je les ai rencontrés, en thérapie de couple, ils remettaient sérieusement leur relation en question parce qu'ils n'avaient plus d'intérêt à vivre ensemble. En fait, chacun vaquait à ses occupations et, lorsqu'ils se retrouvaient, leurs courtes conversations se limitaient à se raconter les événements de la journée. Ils avaient l'impression que leur relation s'éteignait petit à petit.

Dans la communication authentique, l'émetteur révèle sa vérité profonde, il exprime son vécu, ses peurs, ses besoins, ses désirs, ses limites, ses idées, il investit sa vie intérieure dans la relation. Son expression ne se limite pas à raconter des faits comme un chroniqueur, mais elle tend à exprimer l'émotion et le besoin, à dire ce qui vient du plus profond de son être.

Il n'est pas facile de communiquer authentiquement. S'exprimer dans sa vérité intérieure suppose pour la plupart des gens, un travail d'écoute de soi et d'acceptation qui demande du temps. Être un émetteur qui dit le fond de son être, c'est se donner des relations profondes, vivantes où l'attachement est stimulé par l'engagement à s'exprimer vraiment.

Cependant, dans ce genre de communication, l'émetteur a besoin pour se dire d'être reçu, entendu, accueilli. C'est le rôle du récepteur.

B. Le récepteur

Le récepteur est la personne qui reçoit l'expression de l'émetteur, celle qui perçoit, sent, voit, écoute et renvoie un feed-back. Elle n'assure pas seulement une présence physique mais une présence psychique à l'émetteur, ce qui signifie qu'un bon récepteur est vraiment à l'écoute de lui-même pour percevoir l'impact émotif de l'expression de l'émetteur sur son psychisme. En fait, dans la communication authentique, le récepteur se laisse toucher par celui qui émet. Il reste constamment en contact avec lui-même. Il sent ce qui se passe en lui.

La conscience du senti est fondamentale chez le récepteur. S'il ne sent pas le vécu qui l'habite, il risque de le projeter sur l'émetteur et de causer ainsi une interférence importante dans la relation. La personne qui reçoit l'expression de l'autre reste en contact avec ses propres émotions et ne décide jamais des émotions de l'émetteur. En fait, le récepteur est attentif au vécu de celui qui s'exprime, il écoute ses émotions mais ne décide pas de celles qui ne sont pas exprimées et, pour éviter l'imbroglio, il ne doit jamais se perdre de vue. Il peut sembler paradoxal de dire que le récepteur doit d'abord s'écouter pour mieux écouter l'autre, aussi vais-je apporter un exemple pour éclairer ce paradoxe.

Dans les thérapies de couple, il est fréquent de voir des gens qui parlent pour leur conjoint et qui décident de ce qu'il vit et de ce qu'il veut parce qu'ils ne sont pas à l'écoute d'eux-mêmes. Quand il a entendu Lyne s'exprimer sur ses difficultés à traduire ses émotions et sur ses besoins d'être plus proche de lui, Yvan lui a répondu qu'il sentait qu'elle avait peur. Pourtant Lyne n'avait exprimé aucune peur. Il était possible qu'elle en vive mais elle ne l'avait pas dit. Yvan avait décidé pour elle de son vécu en se coupant du sien. Il a découvert à l'aide de mes observations que c'était lui qui avait peur de l'intimité et que cette peur de l'intimité l'empêchait de s'approcher de son épouse.

Il existe un danger à ressentir pour les autres. Les «je sens que tu...» ne sont en réalité que la projection d'émotions personnelles non accueillies, non entendues. *(Relation d'aide et amour de soi)*. Par ses «je sens que tu...», le récepteur exerce un contrôle sur l'émetteur, un contrôle qui perturbe la relation. Il est donc fondamental que le récepteur reste en contact avec lui-même de façon à ce qu'il exprime ses vraies émotions: «Quand tu dis que tu veux te rapprocher de moi, j'ai peur.»

La deuxième qualité d'un bon récepteur dans la communication authentique est sa capacité à rester en contact avec l'émetteur par le regard. J'ai déjà mentionné l'importance du regard. Il ne s'agit pas là d'un détail anodin. Le regard est l'expression de la présence intérieure. En voici un exemple. Mon compagnon de vie est un homme très visuel. Il aime tout voir et il se laisse facilement distraire par ce qui se passe autour de lui. Dans les débuts de notre relation, quand je lui parlais de moi, il me quittait souvent du regard et, chaque fois, j'étais frustrée et je me sentais même abandonnée et sans importance. Un jour, je lui ai exprimé ce que je vivais. Il m'a alors proposé de l'aider à trouver des moyens pour faciliter son écoute avec les yeux. Il est bien évident qu'il n'est pas question d'avoir des conversations intimes avec lui quand nous marchons dans les rues de la ville. Pour m'accorder toute son attention, il a besoin d'un contexte favorable à l'échange. Par exemple, quand nous allons au restaurant, il se place autant que possible face à un mur plutôt que face à la porte d'entrée. De cette façon, il est moins distrait, concentre davantage son attention et, par conséquent, son regard sur ce qui se passe entre nous. Il a aussi reconnu, lors de nos démarches thérapeutiques, combien il était difficile pour lui d'apprivoiser ses émotions. Ses distractions n'étaient donc pas seulement l'expression d'une nature visuelle, mais elles étaient aussi un mécanisme de défense pour fuir ses malaises intérieurs. Il éprouvait des difficultés à être à l'écoute de lui-même. En me quittant du regard, ce n'est pas moi que François fuyait mais lui-même. Il avait peur d'accueillir ses propres émotions, ce qui est loin d'être le cas aujourd'hui. Notre relation a pour fondement la communication authentique. Ce n'est pas toujours facile mais, quand nous communiquons, je suis souvent émerveillée par son authenticité, sa présence, sa capacité d'attention. Bien qu'il soit toujours visuel et intéressé par le monde extérieur, il n'en est pas moins capable d'entrer en lui-même et de s'écouter, ce qui fait de lui, dans ces moments-là, un excellent récepteur.

Le récepteur est donc celui qui prête non seulement une oreille attentive mais aussi un regard attentif qui témoignent de sa capacité à saisir celui qui s'exprime, tant par l'intelligence de l'esprit que par l'intelligence du coeur. Saisir vraiment ce que l'autre exprime suppose de la part du récepteur qu'il ait développé l'art de l'écoute. Comme je l'ai mentionné dans *Relation d'aide et amour de soi* (p.95 à 100), très peu de gens savent écouter. Un grand nombre de récepteurs ramènent tout à eux-mêmes, préparent leur réponse et n'attendent que le moment de parler d'eux. D'autres, et c'est la majorité, par manque d'attention à leurs propres émotions, tombent dans des mécanismes tels la projection, le jugement, l'interprétation, le rôle de sauveur, le ménagement, le blâme, le questionnement. La véritable écoute, celle qui laisse la place à l'autre, celle qui entend l'autre sans bloquer la communication et sans déformer ce qu'il exprime, celle qui ne ramène pas le message de l'autre à soi-même, celle qui distingue clairement ce qui appartient à l'autre de ce qui est à soi, celle qui ne culpabilise pas, n'est vraiment pas facile à exercer. Et pourtant, c'est cette écoute-là qui caractérise la communication authentique, parce que c'est la seule qui favorise le dialogue entre deux personnes qui tiennent à leur relation.

Dans une relation entre un émetteur et un récepteur, le dialogue existe si l'émetteur exprime sa vérité profonde et si le récepteur écoute en manifestant une présence attentive, chaleureuse, une présence empathique qui accepte l'autre dans tout ce qu'il est, dans sa différence et ce, sans perdre de vue qu'il est un autre, sans abdiquer sa propre personnalité (Vanoye p.163). C'est pourquoi le bon récepteur doit être en mesure de s'écouter et d'écouter l'autre en même temps. S'il ramène tout à lui, il ne donne pas de place à l'autre parce qu'il l'entend à partir de lui-même, à partir de ses propres expériences, de son propre vécu. Par contre, s'il se nie, s'il ne s'entend pas, il risque de confondre son propre vécu et sa propre expérience avec l'autre et de ne plus savoir qui il est, ni ce qu'il veut ou ce qui le distingue.

C'est vraiment la capacité du récepteur à écouter ce qu'il ressent en réaction à l'expression de l'émetteur, tout en étant attentif et sensible au message qu'il entend et aux émotions qui accompagnent ce message, qui lui permet d'entretenir le dialogue essentiel à la communication authentique. Le mot «dialogue» a ici beaucoup d'importance en ce sens qu'il implique la présence de **deux personnes distinctes**. Si le récepteur se confond avec l'émetteur ou s'il ramène tout à lui-même, il n'y a pas **deux personnes distinctes**, donc ni dialogue, ni communication authentique. Il est donc fondamental, si l'on veut «être en relation», d'apprendre à s'ouvrir à l'autre et à l'écouter vraiment, de façon à fournir le feed-back qui alimente la communication au lieu de la couper ou de la perturber, la réaction qui reconnaît l'autre et soi-même, la réaction qui favorise l'acceptation de soi et de l'autre, la réaction propulsive et créatrice de soi, de l'autre et du monde. Apprendre à s'exprimer et à écouter vaut vraiment la peine pour rendre ses réactions et ses messages authentiques et pour retirer de ses rencontres une satisfaction que connaissent ceux qui savent «être en relation».

C. Le message

Le message, c'est aussi le contenu de la communication, l'information que transmet l'émetteur au récepteur.

Pour que la relation se crée et se maintienne, il est important que les messages émis soient écoutés par les interlocuteurs. Un émetteur qui ne veut pas parler tout seul doit tenir compte du récepteur à qui il s'adresse, de sorte que ses informations soient reçues par ce dernier. Certains éléments ont une influence sur la réception des messages tels, dans le cas des éléments linguistiques, le code, le canal et le référent et dans le cas des facteurs psychologiques, l'émotion véhiculée par les mots et l'authenticité du message. Ce sont ces derniers surtout qui seront développés dans les pages suivantes.

Le message, c'est le contenu de la communication, l'information que transmet l'émetteur au récepteur. Cette transmission est rendue possible par un ensemble de moyens techniques et sensoriels qu'on appelle le canal et par un système de symboles et de signes agencés qu'on appelle le code (Le Petit Robert).

Pour s'assurer qu'un message sera reçu, il est très important que le code utilisé par l'émetteur soit compris par le récepteur. S'adresser en anglais à un unilingue espagnol pour obtenir une information avec l'espoir d'être compris relève tout simplement de l'illusion. Les problèmes d'incommunicabilité causés par l'incompréhension du code sont beaucoup plus nombreux et plus subtils qu'on peut le croire. L'une des causes d'échec de certains élèves de milieux défavorisés est que ces derniers, dont le vocabulaire se limite à peine à mille mots, ne comprennent pas l'information transmise par certains de leurs professeurs dont le vocabulaire atteint plusieurs milliers de mots.

Quand j'ai vécu à Paris, j'ai été confrontée à ce problème de code à quelques reprises. Même si je parle la même langue que les Parisiens, il n'en reste pas moins que certains objets sont désignés par des mots différents en France et au Québec. Si, par exemple, vous demandez un cartable dans un magasin français, on vous remettra un sac d'écolier alors que chez nous, vous recevrez un «cahier à couverture rigide muni d'anneaux qui s'ouvrent et se ferment dans lequel on place des feuilles mobiles» (Robert québécois) et que les Français nomment «classeur». Il en est de même pour plusieurs autres mots dont le gilet et la veste, la traîne sauvage et la luge, le traversier et le bac, la tuque et le bonnet de laine, les mitaines et les moufles, etc.

La compréhension du code n'est évidemment pas le seul élément nécessaire à la transmission d'un message. Il ne suffit pas d'avoir un code commun pour bien communiquer. L'émetteur doit s'assurer que le message intéresse le récepteur. Certains messages touchent les sens par divers moyens tels le toucher, le regard, le parfum, les sons. Quoi qu'il en soit, le code, le canal et le message sont toujours porteurs d'informations émotives et rationnelles. Chaque mot, chaque geste, chaque regard porte une charge affective qui se transmet par l'attitude de l'émetteur. Le sens d'un mot dépasse de beaucoup la définition des dictionnaires. Chaque personne coule dans ses mots la couleur émotionnelle de son histoire personnelle. Un mot dont la connotation émotive est agréable pour une personne peut être désagréable pour une autre et devenir source de conflits.

Pour illustrer cette affirmation, je vais apporter un exemple personnel. Je suis mère de quatre enfants dont une fille, l'aînée, et trois fils. Le dernier de mes fils, maintenant adolescent était, enfant, - et est toujours - un garçon très affectueux. C'est pourquoi je l'ai toujours appelé «ma guidoune». Ce mot, qui n'existe pas dans le vocabulaire français, a au Québec le sens de «putain». Mais pour mon fils et moi, il signifie chaleureux, affectueux, «colleux», tendre. Il a donc dans notre relation une connotation positive et agréable; c'est le cas d'un grand nombre de mots que se disent les amoureux pour se témoigner de l'affection: «ma chouette», «mon chou», «mon minou», «ma poulette», «ma cocotte», «mon coeur», «ma pitoune», «mon bébé», «ma soie», etc. Utilisés avec d'autres personnes, ces mots risqueraient d'être mal reçus, de choquer et de causer une grave interférence dans la relation.

Il s'agit là d'un exemple frappant pour traiter d'une réalité non moins importante. Il est fréquent d'employer des mots à connotation affective agréable pour nous-mêmes qui sont mal reçus par les autres, pour qui ces mêmes mots réfèrent à des expériences tristes et désagréables.

Le message est porteur d'émotions qui traduisent les intentions réelles de l'émetteur. Il est donc dangereux, en tant que récepteur, de ne s'attarder qu'au contenu rationnel des mots, sans ressentir leur portée psychique, sans écouter la résonance émotionnelle qu'ils déclenchent en nous. C'est l'écoute du malaise intérieur qu'ils provoquent qui nous permet en tant que récepteurs d'être bien ou mal, de croire ou de ne pas croire en la vérité du message et de vérifier, s'il y a lieu, le sens, l'intention et l'émotion qu'ils véhiculent surtout quand ces derniers ne sont pas exprimés.

Le message est toujours accompagné d'une émotion. L'information la plus rationnelle, celle de la plupart des discours politiques par exemple, est soutenue par des émotions. Malheureusement plusieurs messages sont vidés de leur émotion parce que ceux qui les véhiculent sont sur la défensive, ne sont pas conscients qu'ils se défendent et que parfois même ils expriment un double message.

Une personne émet un double message, comme nous l'avons vu précédemment, quand il y a décalage entre le contenu verbal et le contenu non verbal de sa communication. Ainsi, ses mots transmettent une information qui ne correspond pas à ses émotions et à ses intentions profondes. Elle n'est donc pas authentique. Ce phénomène se produit lorsque la personne n'écoute pas son monde émotionnel ou lorsqu'elle le juge inacceptable.

J'ai connu, un jour, un homme dont la souffrance profonde me touchait particulièrement. Il venait d'un milieu familial où il n'y avait jamais de conflits. L'harmonie régnait dans la maison. C'est du moins ce qu'il a longtemps cru. En fait, il venait d'un milieu où le monde émotionnel était complètement nié. Il s'est retrouvé, à 25 ans, avec une angoisse dépressive qui l'a conduit en psychothérapie où il a découvert à quel point il était coupé de ses émotions, tout comme l'étaient ses parents.

C'est avec un sourire et une voix douce que sa mère le privait de dessert quand elle le punissait. Et c'est avec le même sourire et le même ton calme qu'elle lui refusait des sorties à l'adolescence. Il s'est rappelé que, à l'époque, il souffrait beaucoup plus de l'attitude de sa mère que de la punition. En fait, cette femme n'exprimait aucune émotion, aucune colère, aucune déception, aucune peine. Elle affichait un sourire et empruntait le ton le plus calme dans les moments les plus difficiles. Elle n'était pas authentique. Elle émettait constamment des doubles messages.

Beaucoup d'éducateurs transmettent des doubles messages qui ont toujours un impact psychologique néfaste sur le psychisme des enfants et de tous les êtres humains. En effet, tout récepteur d'un double message entend le langage verbal et sent le langage non verbal qui l'accompagne. Qu'il en soit conscient ou non, il vit des malaises auxquels il n'accorde pas toujours d'importance mais qui, à la longue, le perturbent et l'insécurisent. Il développe une méfiance par rapport aux autres et un manque de confiance en lui-même dont il ne comprend pas la cause.

Grandir dans un entourage qui vit sur la défensive d'où, en plus, fusent les doubles messages, c'est développer une insécurité profonde et un doute permanent sur soi-même parce que le récepteur de ce genre de message ne peut faire confiance à ses perceptions. Il ne sait pas si c'est ce qu'il perçoit qui est vrai ou plutôt ce qu'il voit et entend. Malheureusement l'éducation nous apprend à mettre l'accent sur l'autre et sur l'extérieur plutôt que sur nous-même. Cette réalité a pour conséquence d'amener la personne à se fier à ce qu'elle voit et entend plutôt qu'à ce qu'elle vit et ressent. Et c'est alors que les êtres se confondent les uns avec les autres et qu'ils marchent constamment sur du sable mouvant, à la recherche d'une sécurité et d'une vérité qu'ils placent à l'extérieur d'eux-mêmes plutôt qu'en eux-mêmes.

On ne peut jamais savoir de façon certaine si le message des autres est authentique ou s'il ne l'est pas. Il est cependant une chose qui est incontestable et sur laquelle on peut se fier sans se tromper: son propre vécu, son propre senti, ses propres émotions. Ainsi, la chose la plus importante à faire quand on est récepteur d'un message, c'est d'écouter quelles émotions il provoque, c'est-à-dire sa résonance émotionnelle. On ne peut, pour les autres, que faire des observations objectives précises, sinon on tombera dans la projection, le jugement, l'interprétation et le blâme.

Les personnes qui accordent la priorité à leur senti quant à ce que déclenchent en elles les messages qu'elles reçoivent des autres sont sûres de toujours faire ce qui est bon pour elles-mêmes parce qu'elles s'écoutent plutôt que de s'effacer devant les autres. Il s'agit là d'un apprentissage qui demande beaucoup de temps à cause de l'habitude développée de remettre au monde extérieur le pouvoir sur soi-même. Je suis profondément convaincue, pour l'expérimenter à chaque instant, que seule l'écoute du senti intérieur guide vers la voie qui convient. Le senti, c'est l'émotion, le vécu éprouvés ici et maintenant en réaction à des messages qui viennent de l'entourage et de l'environnement. Il est l'unique source de l'intuition.

Être intuitif, c'est avoir une connaissance immédiate et irrationnelle de ce qui est bon ou mauvais pour soi. Les êtres véritablement intuitifs sont des êtres qui écoutent leur senti émotionnel. Leurs choix, leurs décisions, leurs actions ne sont pas déterminés par le monde extérieur mais par leur monde intérieur. Ces êtres-là ne sont pas des moutons de Panurge qui épousent les idées, les actes et les choix des autres mais des êtres autonomes qui s'affirment, sans s'opposer, dans le respect des différences à partir de la résonance émotionnelle déclenchée à l'intérieur d'eux-mêmes par les messages de l'entourage et de l'environnement et non en se coupant de leur vécu pour se perdre dans les messages extérieurs.

Être soi-même, être authentique exige non seulement la capacité d'écouter son senti mais aussi la force et le courage de se respecter dans l'action. Par respect de ce qu'on sent, on doit parfois choisir des voies qui ne correspondent pas à ce que les autres attendent, on doit se distinguer et cela n'est pas toujours facile.

J'apporte ici un exemple très simple mais très significatif. Dans son milieu de travail, Éric un jour a vécu une expérience très difficile. Un de ses collègues qui exerçait un leadership assez important dans l'équipe des travailleurs a vécu un conflit sérieux avec le directeur du service. À la suite de ce conflit, il a cherché des appuis dans son équipe de travail. Pour différentes raisons, la plupart des gens ont soutenu cet homme dans la confrontation avec la direction. En écoutant son senti, Éric s'est rendu compte qu'il vivait de profonds malaises dans cette situation et qu'il n'arrivait pas à prendre parti pour son collègue parce qu'il n'était pas concerné par le conflit. Il ne pouvait être ni pour ni contre l'un ou l'autre. Il n'a pas été facile pour lui de donner plus d'importance au message intérieur qu'à la sollicitation extérieure. Il a dû faire face à plusieurs peurs et à certains sarcasmes, mais il était en paix avec lui-même. À long terme, cette attitude authentique lui a attiré la confiance et l'admiration de ses collègues. Concernant les demandes de coalition du leader du groupe, il avait écouté son vécu et s'était respecté.

Il y a entre l'émission d'un message et sa réception, toute une gamme de variations. Celui qui émet un message communique par ses mots, sa mimique, ses gestes, son ton de voix, son regard, non seulement une idée, une opinion, une observation, mais aussi des émotions, des intentions, des désirs, des besoins. L'ensemble de ces informations verbales et non verbales agit sur le récepteur en fonction de sa propre charge émotive, de son histoire personnelle, du sens particulier qu'il donne aux mots, de l'impact inconscient du langage non verbal sur son psychisme et du référent. Plus une personne se connaît et s'écoute, plus les messages qu'elle émet sont authentiques et plus elle est consciente de l'effet que produisent en elle ceux qu'elle reçoit. Elle peut ainsi distinguer clairement, par son senti et ses observations objectives précises, ce qui la distingue de l'émetteur, ce qui lui appartient et ce qu'elle veut. Elle reste alors vraie avec elle-même et émet à son tour des messages authentiques et ce, quel que soit le niveau de communication qu'elle utilise.

CHAPITRE 5

LES NIVEAUX D'INTIMITÉ DANS LA COMMUNICATION

Il est bien évident que la communication ne s'établit pas toujours avec la même profondeur et que les échanges ne sont pas toujours intimes avec toutes les personnes que l'on rencontre ni dans toutes les situations de la vie quotidienne, ce qui ne signifie pas pour autant un manque d'authenticité. Il existe des personnes avec qui le degré de communication, bien que très agréable, est moins engageant, moins intime. Et même avec les personnes les plus proches de nous affectivement, il existe des moments où l'échange est d'ordre plus pratique qu'émotionnel. L'intimité ne se vit pas avec tout le monde puisqu'elle suppose un attachement particulier.Avec certaines personnes, on peut très bien choisir d'avoir un niveau de communication plus léger et en être très satisfait. Avec d'autres, on peut s'engager davantage affectivement et ouvrir les portes de l'intimité. Les niveaux de communication diffèrent donc d'une personne à l'autre et d'une situation à l'autre.

Pour mieux comprendre cette réalité, pour se situer quant au genre de communication qu'on veut développer avec son entourage et pour mieux saisir le pourquoi de ses satisfactions et de ses manques sur le plan relationnel, il est important pour moi de parler ici des niveaux d'intimité dans la communication. Cette classification, personnelle et inédite, a été faite à partir d'observations et d'expériences de communication de toutes sortes. Elle n'a pas la prétention d'analyser la subtilité de tous les types de communication, mais elle a l'avantage de permettre à chacun de découvrir le niveau approprié à ses échanges et ce qu'il en retire de satisfaction ou d'insatisfaction dans ses relations.

Quels sont donc ces types de communication? Ils sont au nombre de cinq: les communications utilitaire, impersonnelle, narrative, personnelle et intime. Chacun de ces types de communication va de pair avec le niveau d'intimité, d'engagement personnel. Et c'est à définir et à préciser chacun d'eux que je consacrerai ce chapitre en commençant par la communication utilitaire.

A. La communication utilitaire

La communication utilitaire vise essentiellement ce qui est utile à l'un ou à l'autre des interlocuteurs. Comme elle ne requiert généralement pas d'engagement profond, elle est utilisée avec n'importe quelle personne, même quelqu'un qu'on rencontre pour la première fois. Son usage est essentiel à la communication, c'est pourquoi toute relation comporte sa part utilitaire de communication. On s'en sert par exemple avec la caissière à la banque, quand on fait un dépôt; on s'en sert avec le vendeur de voitures, le serveur au restaurant ou avec la dame à qui l'on demande où se trouve la rue Saint-Denis. On s'en sert aussi avec les personnes les plus proches de nous quand, par exemple, on demande à table de passer le sel, quand on informe la famille de l'heure des repas de la journée ou encore quand on dit à son conjoint à quelle heure on va passer le prendre au bureau après le travail.

Comme on le voit ici, on ne peut se passer de ce type de communication dans la relation. Il est inévitable. Cependant si avec certaines personnes le niveau de la communication utilitaire n'est pas dépassé parce qu'elles ne sont pas proches de nous, un problème se pose quand la relation avec les personnes importantes affectivement se limite à ce type de communication. Il est bien évident que, dans ce cas, on ne peut parler de communication authentique au sens où on l'entend dans ce livre. Une telle relation connaît nécessairement une certaine forme d'insatisfaction parce qu'elle manque de profondeur, d'engagement, de vérité émotionnelle. Il en est de même d'ailleurs avec la communication impersonnelle.

B. La communication impersonnelle

La communication impersonnelle est trompeuse. Elle crée souvent l'impression de vivre une relation profonde alors que, encore ici, la vérité intérieure fait défaut à la relation. Se parler de façon impersonnelle est devenu monnaie courante. Je ne nie d'ailleurs pas l'intérêt qu'on trouve à communiquer à ce deuxième niveau. C'est l'échange à la troisième personne du singulier ou du pluriel dans lequel les interlocuteurs se parlent d'un événement qui leur est extérieur ou se parlent «des autres». Ce type de communication n'est pas engageant affectivement puisque les personnes en cause ne parlent pas directement d'elles-mêmes, mais de ce qui est extérieur à elles ou de quelqu'un qui n'est pas présent dans la relation.

Je ne condamne pas ici l'utilisation de la communication impersonnelle. J'adore moi-même parler avec des amis, avec mes enfants ou avec mon conjoint d'un film qu'on a vu, d'un article qu'on a lu, du débat des chefs au moment des campagnes électorales, des problèmes sociaux. Je suis, par contre, un peu moins à l'aise pour déblatérer sur les uns et les autres en leur absence. Quoi qu'il en soit, encore ici, ce n'est pas l'utilisation de la communication impersonnelle qui cause un problème, mais le fait de s'y limiter avec les proches, de ne jamais entrer à l'intérieur de soi en présence de l'autre. C'est d'ailleurs ce qui se produit dans plusieurs familles où les gens se parlent de tout sauf d'eux-mêmes, ce qui cause nécessairement un manque affectif et un sentiment de vide. Ce sentiment est entretenu par le troisième type d'échange: la communication narrative.

C. La communication narrative

Le mot «narrer» veut dire raconter et est synonyme de dépeindre, relater, rapporter. Quand on raconte quelque chose, on raconte généralement des faits.

Une dame est venue me voir un jour parce qu'elle était dans un état dépressif qui durait depuis plusieurs mois et ne savait pas pourquoi. J'étais très sensible à la souffrance de cette femme qui était habitée par un manque affectif profond et qui n'en connaissait pas la cause. Elle disait tout avoir pour être heureuse: un bon travail, un mari fidèle et attentionné, une excellente sécurité affective et financière. Elle ne comprenait pas ce sentiment de manque qui l'obsédait. Toutefois, plus elle avançait dans sa démarche, plus sa relation de couple la préoccupait, ce qui l'a amenée à dire qu'elle n'exprimait jamais sa peine et sa souffrance à son mari et que leur communication se limitait à très peu de choses. Tous les soirs, quand ils se retrouvaient après une journée de travail, ils se racontaient tout ce qu'ils avaient fait pendant la journée. Ils se parlaient du travail, des collègues, des dernières nouvelles. Chacun était informé des allées et venues de l'autre et des derniers événements, mais aucun ne savait ce qui se passait dans le monde intérieur de l'autre. L'expression des émotions et des besoins psychiques n'avait pas de place dans leur relation, ce qui les empêchait de se nourrir de cette relation et de combler leurs manques.

Il est difficile de vivre une relation satisfaisante quand la communication s'arrête à la narration des faits et quand elle ne va pas plus en profondeur. Il ne s'agit pas, encore une fois, de bannir la dimension narrative de ses communications, mais d'y ajouter les communications personnelle et intime.

D. La communication personnelle

La communication personnelle touche directement la personne humaine dans ce qu'elle a d'intime, de profond, d'unique. Introduire ce niveau dans ses communications affectives, c'est non seulement passer du «il» au «je», mais parler à l'autre de sa vérité intérieure, de son vécu, de ses peurs, de ses joies, de ses doutes, de ses difficultés, de ses préoccupations, de sa vie. Ce niveau est fréquemment utilisé dans la situation thérapeutique, mais malheureusement absent de plusieurs relations affectives importantes. Nous touchons ici à un niveau de profondeur essentiel à la communication authentique. Autant les communications utilitaire, impersonnelle et narrative sont favorables au contact social, autant les communications personnelle et intime sont favorables à la relation intime. Il serait, bien sûr, idéal d'intégrer tous les types de communication à ses relations. Les trois premiers types sont essentiels pour entrer en relation et avoir des relations. Par contre les communications personnelle et intime ne relèvent pas de l'ordre de l'avoir, mais de l'être. Seuls ces types de communication permettent vraiment d'être en relation et de se nourrir affectivement.

La communication personnelle est vraiment basée sur l'écoute et l'expression de sa vérité intérieure ainsi que sur l'écoute de celle de l'autre. Elle favorise l'échange en profondeur et permet de recevoir et de donner sur le plan non pas prioritairement intellectuel ou matériel comme le permettent les trois premiers niveaux, mais sur le plan affectif. Cette nourriture mutuelle est essentielle à l'équilibre psychique.

L'homme a besoin de se vivre intimement en relation et de partager avec un autre être humain son monde intérieur pour se nourrir, grandir, évoluer. Lorsqu'il s'isole pour vivre sa peine, sa souffrance ou sa joie, il entretient un sentiment de manque et contribue ainsi à perturber son équilibre psychique. L'être humain est fondamentalement un être de relation et c'est dans la relation affective qu'il trouve la nourriture essentielle à sa réalisation. Le refus de l'intimité est en quelque sorte un refus de vivre, d'assumer sa vie et de communiquer la vie.

E. La communication intime

Il existe un lien évident entre les communications personnelle et intime en ce sens que les deux sont basées sur l'écoute et l'expression de la vérité intérieure et qu'elles sont essentielles à la communication authentique. Lorsqu'on parle d'intimité, on parle d'un lien étroit qui unit des personnes par l'échange de ce qu'il y a de plus profond au coeur d'elles-mêmes. Dans le cadre de la communication personnelle, cet échange porte sur la souffrance et le bonheur des relations de travail, des relations sociales, amoureuses et amicales, les échecs, les succès, les projets, les secrets de toutes sortes, etc. La communication intime inclut des échanges sur un plan personnel, mais pousse plus loin le rapprochement puisqu'elle touche directement les personnes en relation. L'intimité est alors beaucoup plus engageante puisque, à ce niveau d'intimité, chacun exprime à l'autre ce qu'il vit par rapport à lui, ses peurs, ses besoins, ses sentiments, ses désirs, ses doutes, ses espoirs, ses souhaits, ses limites, ses déceptions, ses satisfactions, ses insatisfactions, ses rêves, ses intentions, etc.

On constate, à ce niveau plus intime de la communication, un engagement, un investissement tel sur le plan de l'authenticité que la relation devient ce qu'il y a de plus nourrissant pour l'équilibre psychique et l'équilibre relationnel. Je ne parle pas ici de fusion où l'un se perd dans l'autre, ce qui empêche toute forme de communication authentique. L'intimité dont il est question dans ces pages est faite de la révélation de l'identité psychologique, de la vérité psychique et de l'écoute de la vérité de l'autre, spécialement quand ce dévoilement porte sur la relation établie entre les personnes en cause. C'est un niveau de communication qui transforme les affects négatifs en affects positifs rendant ainsi son apport considérable sur le plan psychique et ce, quels que soient les événements extérieurs.

La communication intime, par la qualité de l'engagement, de l'investissement et de l'authenticité qu'elle suppose, contribue, à plus ou moins long terme, au rétablissement et au renforcement du monde intérieur par l'expérience d'une relation profonde et vraie. Lorsque la communication atteint ce niveau d'intimité, elle devient non seulement libératrice mais créatrice. Évidemment, il n'est pas toujours facile de s'investir à ce point, mais mon expérience personnelle et professionnelle m'a fourni la conviction qu'il est possible par un travail sur soi, basé sur la relation, d'apprendre à communiquer à tous les niveaux pour connaître le bonheur d'être en relation. Cet apprentissage, dont les étapes seront développées ultérieurement, passe par une conscience des obstacles que rencontre toute personne qui veut communiquer authentiquement. Ce sont ces obstacles qui feront l'objet du prochain chapitre.

CHAPITRE 6

LES OBSTACLES À LA COMMUNICATION AUTHENTIQUE

J'accorde à la relation la place la plus importante dans ma vie: la relation avec moi-même, la relation avec les forces irrationnelles qui m'habitent, la relation avec mes enfants, la relation avec ma famille, mes employés, mes étudiants et surtout ma relation de couple. J'ai connu François, mon compagnon de vie, alors que j'étais enfant. Nous vivions dans la même municipalité. Tous les dimanches, je le voyais entrer à l'église paroissiale avec sa famille. J'étais à l'époque plus impressionnée par sa famille que par lui, la famille ayant toujours été pour moi une valeur que je n'ai jamais remise en question. J'étais loin de me douter, à ce moment-là, qu'il serait un jour mon compagnon de vie. Les années ont passé et ce n'est que vers l'adolescence que nous nous sommes vraiment rencontrés lors de rencontres de jeunes de la paroisse qu'on organisait dans nos familles. C'était vers la fin des années 50, l'époque des crinolines, du rock'n roll et de la brillantine.

Quand je repense à cette étape de ma vie, j'ai souvent le sentiment d'y voir quelque chose de féerique, un peu comme dans les contes de Perreault. François était l'aîné d'une famille de cultivateur, comme moi, et il m'aimait. À quatorze ans, il avait décidé que je serais un jour la femme de sa vie. J'étais loin d'éprouver le même sentiment. Ses attentions à mon égard me dérangeaient et m'agaçaient beaucoup plus qu'elles ne me plaisaient. Pourtant quand j'abordais le sujet rationnellement, je voyais bien qu'il avait tout pour m'intéresser. En effet, il était intelligent, sensible, généreux, disponible, débrouillard, beau et séduisant. Mais je n'arrivais pas à répondre à son amour.

Qu'est-ce qui a fait évoluer mon monde intérieur? Comment suis-je devenue vraiment amoureuse de cet homme qui m'était plus ou moins indifférent? J'avais 19 ans, il en avait 18. C'était le 9 octobre 1962. Il avait tout essayé pour me plaire: m'impressionner, me valoriser, me séduire, m'écrire des poèmes, m'offrir des cadeaux, rien n'y faisait. Quelque chose manquait à cette relation. C'est avec le recul que je peux voir ce dont à l'époque je ne pouvais prendre conscience. Ce soir-là, il s'est produit un nouveau phénomène dans ma relation avec François: il m'a parlé de lui, de son vécu, de ce qu'il était, de sa façon de voir le monde, l'homme, la vie. Pour la première fois, je vivais avec cet homme ce que j'appelle aujourd'hui la communication authentique. Il m'a dévoilé sa vérité profonde qui a rejoint la mienne. Je me suis sentie tellement proche de lui, tellement en harmonie, tellement touchée qu'un sentiment amoureux m'a envahie et qu'il ne m'a pas quittée depuis. Quand je me rappelle cet événement aujourd'hui, j'ai souvent l'impression d'avoir, ce soir-là, bu la potion magique d'Yseult ou d'avoir reçu le baiser magique du prince charmant. Et pourtant rien d'autre n'a fait naître l'amour en mon âme que cette communion du coeur, que cet échange authentique, que cette rencontre de deux intimités qui s'écoutent, s'accueillent et s'abandonnent. C'est vraiment la communication authentique qui nous a rapprochés ce soir-là et qui nous lie encore aujourd'hui.

Les contes de fées se terminent toujours par la phrase magique: «Ils furent heureux et ils eurent beaucoup d'enfants». J'ai été heureuse avec François et je le suis toujours. Nous avons eu quatre enfants. Mais ce que ne disent pas les contes de fées, c'est que le bonheur se gagne à coups de souffrances et d'obstacles. La communication authentique n'est pas une baguette magique qu'on utilise à volonté pour avoir ce qu'on veut. L'amour ne suffit pas à une relation et il est des moments où les difficultés relationnelles sont telles que la relation est ébranlée, remise en question et où la souffrance de l'incommunicabilité est parfois insupportable. Oui, j'ai été heureuse avec François et je le suis toujours, mais rien n'est acquis dans une relation et le bonheur se gagne chaque jour par l'investissement, la remise en question, le travail sur soi. François et moi avons traversé des obstacles relationnels importants et nous en traversons parfois encore.

Nous consacrons toujours du temps et de l'énergie à notre relation parce que c'est une priorité pour nous deux. Nous avons constaté au cours de ces 33 ans de vie de couple que l'un des éléments les plus importants pour être heureux ensemble, c'est la communication authentique. Il n'est pas toujours évident et facile de communiquer, surtout quand des émotions de colère, de jalousie, de peur, de frustration, de désir de vengeance nous envahissent. De nombreux obstacles interviennent alors pour empêcher la communication et briser, du moins pour un temps, la relation: le non-dit, l'irresponsabilité, l'attitude défensive non reconnue, les patterns, les peurs et autres émotions non exprimées, l'attente, l'égocentrisme, l'oubli de soi, la comparaison.

Ces sont ces obstacles et leur impact perturbateur sur la communication, la relation et les interlocuteurs qui feront l'objet d'un développement important dans ce chapitre. Je traiterai de chacun d'eux en apportant des exemples de ma vie personnelle et professionnelle et en commençant par l'un des agents les plus perturbateurs de la communication authentique: le non-dit.

A. Le non-dit

En tant que thérapeute en relation d'aide, j'ai pu constater, à l'occasion de thérapies individuelles ou de couple, que de nombreuses personnes vivent des relations affectives très insatisfaisantes parce qu'elles sont assombries par le secret. Plusieurs personnes cachent à leur conjoint, à leurs enfants, à leurs amis les plus chers des faits et des circonstances de leur vie mais aussi leurs besoins, leurs émotions, leurs opinions, leurs choix. Les problèmes relationnels causés par le non-dit sont innombrables. Chaque non-dit dans une relation importante creuse un fossé entre soi et l'autre et, plus il y a de non-dit, plus le fossé est grand, profond et large. Ce qu'on ne dit pas devient un agent subtil et efficace de malaises, de conflits, de manque de confiance et d'éloignement.

Le non-dit est toujours présent dans la relation. Sa présence passe par l'attitude de celui qui cache, une attitude qui n'est pas en harmonie avec ses paroles et ses gestes. Cette attitude est perçue par l'autre et a pour effet de déclencher une tristesse chronique, une profonde insécurité, un doute persistant, des peurs incontrôlables voire des malaises physiques qui ne sont provoqués par aucun déclencheur apparent, mais qui sont quand même tenaces. Une relation affective construite sur le non-dit est une relation malade dont la guérison, si elle est possible, ne peut passer que par l'expression des «secrets».

Qu'est-ce qui fait qu'on ne dit pas tout à ceux qu'on aime le mieux, à ceux qui nous sont les plus chers?

Jean-François était marié depuis 18 ans. Il aimait vraiment son épouse Jocelyne et ses deux enfants. Cependant, après quelques années de mariage, sa vie sexuelle s'est attiédie, ce qui lui a fait vivre beaucoup d'insatisfaction. Aussi, plutôt que d'en parler avec elle, a-t-il glissé dans une relation clandestine avec une collègue de travail, elle aussi mariée depuis quelques années. À cause de sa culpabilité et de son inconfort, il a mis fin à sa relation avec Rita après seulement quelques semaines. Quand il est venu me voir en thérapie, cette aventure était terminée depuis plus de cinq ans. Toutefois, il traversait de sérieuses difficultés dans sa relation de couple. Jocelyne qu'il avait connue épanouie, loquace et sociable était progressivement devenue triste et taciturne et ne lui manifestait plus d'intérêt comme autrefois. Il souffrait de ce changement parce qu'il n'arrivait plus à communiquer avec elle, comme il l'avait fait dans les premières années de leur relation, et surtout parce qu'il tenait beaucoup à cette femme qu'il aimait profondément. Il avait proposé à son épouse de voir un thérapeute mais elle avait refusé. Aussi avait-il décidé de consulter lui-même. J'ai vite constaté, dès la première rencontre, que Jean-François attendait de moi que je lui donne des moyens pour changer Jocelyne. Je lui ai fait comprendre que la souffrance qu'il vivait dans sa relation avec son épouse n'était pas celle de Jocelyne mais la sienne et que lui seul avait la possibilité, par son travail sur lui-même, de s'occuper de sa souffrance, en trouvant ce qu'il devait changer en lui-même pour améliorer sa relation avec la femme de sa vie.

On ne peut, à mon avis, améliorer une relation qu'en regardant sa responsabilité dans la difficulté relationnelle et en laissant l'autre s'occuper de la sienne. Je reviendrai d'ailleurs sur cet important sujet. C'est ainsi que Jean-François a découvert qu'il reprochait à Jocelyne ce qu'il faisait lui-même: il ne parlait pas. Il ne lui avait pas dit son malaise au sujet de la sexualité, son aventure avec Rita, sa souffrance due à son indifférence, ses besoins, ses peurs, ses frustrations, sa colère. Il s'était tu parce qu'il avait peur de la blesser.

Voilà la principale cause du non-dit: la peur de la réaction de l'autre et ce qu'elle déclenche en soi de culpabilité, d'impuissance, de peur de perdre. Et pour ne pas vivre ces sentiments, on se tait. En fait, la véritable cause du non-dit est la peur de souffrir parce qu'on fait souffrir, la peur de ne pas être capable de faire face à la souffrance de l'autre parce qu'elle nous fait trop mal, la peur d'être jugé, rejeté, abandonné. Et cette peur qui fait si mal n'est pas sans fondement. Il y a toujours dans le fait de s'exprimer un risque de déranger, de choquer, de blesser, de perdre parce que s'adresser à un être humain, ce n'est pas s'adresser à une machine. Chaque fois que je traduis mes émotions, je me donne la permission de me montrer tel que je suis et de vivre selon mes convictions. Cependant, ne s'établira une communication authentique que si je donne à l'autre la même possibilité.

Il existe toujours un risque à s'exprimer mais, à long terme, on paye souvent très cher le fait de se cacher, de taire des événements et son monde intérieur dans une relation affective importante, on le paye parfois de la fin d'une relation. Le paradoxe c'est qu'on ne dit pas pour ne pas perdre alors que c'est parce qu'on ne dit pas qu'on perd. On ne dit pas pour éviter le conflit alors que c'est parce qu'on n'a pas dit que naît le conflit. On ne dit pas pour ne pas blesser alors que c'est parce qu'on n'a pas dit qu'on blesse le plus profondément. On ne dit pas pour garder la confiance de l'autre alors que c'est parce qu'on n'a pas dit qu'on la perd. On ne dit pas pour ne pas être jugé ou rejeté alors que c'est parce qu'on n'a pas dit que l'autre nous juge et s'éloigne.

Quand Jean-François a pris conscience de ses silences, de sa taciturnité, de ses non-dits, il a mis du temps à passer à l'action. Non seulement avait-il peur, mais il était convaincu qu'il allait aggraver la situation. J'ai respecté son rythme. Dans le cheminement d'une personne, après la prise de conscience, les changements n'interviennent pas de façon automatique, la peur prenant beaucoup trop de place. Il faut un temps plus ou moins long pour apprivoiser la peur et sentir le besoin de changement. C'est quand le besoin est plus grand que la peur que la personne est prête à passer à l'action.

Quoi qu'il en soit, avec une personne importante pour soi, on ne se demande pas si on doit dire ou ne pas dire, mais on se demande quand et comment le dire. Trouver le bon moment pour parler et savoir comment exprimer les choses difficiles sans ménager sont les deux moyens de composer avec les non-dits.

Voilà pourquoi Jean-François a demandé à Jocelyne de l'accompagner en thérapie. Il avait besoin d'aide. Il a ainsi appris comment se dévoiler à son épouse qui, bien sûr, a éprouvé beaucoup de peine, mais aussi, ce qui a surpris Jean-François, un grand soulagement. Jocelyne sentait bien les malaises dans sa relation avec Jean-François, mais elle n'avait pas de prise sur ses inconforts parce qu'elle manquait d'informations. Son soulagement venait aussi de sa prise de conscience du fait qu'elle n'était pas mal pour rien. Son senti était juste et cela la rassurait. Elle a aussi découvert qu'elle pouvait se fier à ce qu'elle ressentait et que son erreur à elle, dans sa relation de couple, avait été de ne pas dire ses malaises, de ne pas avoir donné de place à sa souffrance et de s'être défendue contre elle par le refoulement.

Le manque de communication authentique dans une relation affective n'est jamais causé par un seul des partenaires mais toujours, et dans tous les cas, par les deux et ce, en dépit de toutes les apparences. Jocelyne et Jean-François, par exemple, se sont bien rendu compte de leur responsabilité mutuelle dans la détérioration progressive de leur relation, et c'est précisément en voyant sa part de responsabilité que Jocelyne a pu accepter celle de Jean-François: tous les deux avaient la même peur de s'exprimer par crainte de blesser et de perdre. Ils étaient précisément en train de créer ce qu'ils voulaient éviter par leurs non-dits. Et c'est en se disant avec responsabilité qu'ils se sont rapprochés.

B. L'irresponsabilité

Si le non-dit est un obstacle important à la communication, l'irresponsabilité en est un aussi considérable et s'il fut un obstacle à la communication dans mes relations affectives, ce fut l'irresponsabilité. François et moi ne nous sommes jamais caché quoi que ce soit l'un à l'autre, ce qui fait que notre relation est bâtie sur une confiance réciproque très solide. Nous nous sommes engagés dès le départ à ne pas laisser de non-dit dans notre relation et nous avons tous les deux tenu notre engagement même si parfois ce fut très pénible. Par contre, nos plus grandes diffficultés de communication furent causées par l'irresponsabilité.

L'irresponsabilité, c'est, dans une relation, la tendance à rendre l'autre responsable de tout ce qu'on vit ou fait de désagréable: ses malaises, ses échecs, les conséquences négatives de ses choix, ses besoins non satisfaits, ses manques, ses attentes, ses déceptions, ses peurs, etc. L'irresponsabilité, c'est exercer un pouvoir sur la vie des autres et perdre le contrôle de sa propre vie. L'irresponsable est prisonnier de l'autre et n'a aucune liberté.

Qu'arrive-t-il de la communication quand l'un des deux blâme l'autre et tente de le changer? La plupart du temps, cette attitude provoque la fermeture ou le conflit. Dans ce cas, la communication est perturbée ou brisée et la souffrance de l'incommunicabilité prend toute la place.

Le plus difficile avec l'irresponsabilité, c'est la perte du pouvoir sur sa vie. Comme tout est la faute de l'autre, c'est à lui de changer. Et ainsi, chacun essaie de se «prostituer» pour plaire à l'autre et pour constater, en bout de ligne, que ces tentatives ne donnent pas de résultats satisfaisants, bien au contraire. Et pour cause, chacun veut changer l'autre et chacun devient un personnage pour satisfaire le partenaire, le parent ou l'ami. Ce comportement a pour conséquence de détruire l'amour parce que chacun n'est plus lui-même; il est une espèce de construction de ce que l'autre voudrait qu'il soit. Ainsi, l'être que j'ai aimé pour ce qu'il était n'attise plus mon amour parce qu'il n'est plus le même.

Que ne ferions-nous pas pour être aimé? On va même jusqu'à perdre son identité pour ne pas perdre l'autre. Au lieu de développer l'autonomie, l'irresponsabilité rend dépendant du changement des autres, parce qu'elle fait perdre le pouvoir sur sa vie. **Être autonome, ce n'est pas faire tout ce qu'on veut sans tenir compte de l'autre, c'est être entièrement soi-même.** Voilà quelles sont les conséquences de l'irresponsabilité: perte d'autonomie, perte d'identité, perte de pouvoir sur sa vie.

Une étudiante en formation des thérapeutes en relation d'aide au Centre de relation d'aide de Montréal, m'arriva un jour remplie d'enthousiasme: elle était amoureuse. Toutefois son nouvel ami, bien qu'amoureux d'elle, était très dérangé par sa nature passionnée, entière, intense. Aussi avait-il tenté à plus d'une reprise de la changer. Et sa satisfaction venait surtout de ce qu'elle lui avait répondu: «J'ai passé ma vie à me changer pour plaire aux hommes que j'aimais, et je les ai tous perdus. Cette fois, je ne me changerai pas pour toi. Je sais que je te fais peur, mais je sais aussi que c'est à cause de mon intensité que tu m'as aimée et si je la perds, tu ne m'aimeras plus». Cette femme n'a pas accepté d'être tenue responsable du malaise de son copain. Elle l'a retourné à lui-même et a ainsi gardé le pouvoir sur sa vie.

Travailler le problème d'irresponsabilité dans la communication, c'est être en mesure de récupérer le pouvoir sur sa vie en voyant sa propre responsabilité dans la relation quand il y a conflit ou insatisfaction et en laissant à l'autre la responsabilité de ce qui lui appartient. Cette étudiante a vu que ses relations amoureuses n'avaient jamais marché parce qu'elle avait laissé à l'autre le pouvoir de la changer. Cette fois-ci, elle a travaillé à se respecter plutôt qu'à blâmer ou à se plaindre.

Ce problème d'irresponsabilité a été un obstacle très important dans ma relation avec François, mon partenaire amoureux. Nous en sommes même un jour arrivés à ne plus pouvoir communiquer. Chacun blâmait l'autre de ses malaises et chacun tentait par tous les moyens de changer l'autre. Un jour, j'étais tellement insatisfaite et découragée que j'ai eu envie de le quitter. Nous nous aimions profondément mais, je le répète, l'amour ne suffit pas; il faut pouvoir le communiquer et cela nous était devenu presque impossible. J'ai alors demandé à François de faire avec moi une thérapie de couple et il a accepté. J'étais convaincue que c'était le meilleur moyen de le changer et que si notre relation ne fonctionnait pas, c'était sa faute. Il avait la même conviction. À la première séance, il a dit au thérapeute: «Je suis ici pour régler les problèmes de ma femme». Je l'aurais crucifié!!!! Nous avions un très bon thérapeute qui nous a beaucoup aidés. Aujourd'hui, je ne peux pas dire que nous sommes toujours responsables, loin de là, mais nous avons le pouvoir de nous reprendre; chacun peut reconnaître sa responsabilité et peut se changer lui-même pour recréer les communications brisées par l'irresponsabilité, plutôt que de tenter de changer l'autre. Je me sens maintenant beaucoup plus libre et autonome dans la relation avec François et cela n'a pas de prix.

Mais qu'est-ce qui fait qu'on réagit de façon irresponsable? On ne peut travailler sa responsabilité sans travailler ses émotions et ses besoins. On devient irresponsable quand on ne donne pas de place aux émotions désagréables (peine, frustration, jalousie, etc.) et quand on ne laisse pas de place à ses besoins dans la relation. Plutôt que de se laisser aller à ressentir sa peur et à l'exprimer, on se coupe d'elle pour se défendre. C'est pourquoi il existe un lien étroit entre l'irresponsabilité et le comportement défensif non conscient et non assumé. Il s'agit là de réactions à une souffrance non entendue qui empêchent de communiquer authentiquement.

C. Le comportement défensif non reconnu

Que se produit-il à l'intérieur de soi qui puisse provoquer un comportement défensif? Chaque fois qu'un événement déclenche en soi des émotions désagréables qu'on ne prend pas le temps de sentir, d'écouter et d'exprimer, on réagit de façon défensive.

Comme nous l'avons vu dans *Relation d'aide et amour de soi*, les comportements défensifs sont tournés contre soi ou tournés contre l'autre. Les principaux mécanismes de défense tournés contre soi sont la fuite, l'autopunition et le refoulement. Quand on refoule une émotion, on perturbe la communication d'autant plus que le refoulement est presque toujours accompagné de ressentiment et de désir de faire aussi mal qu'on a eu mal. C'est pourquoi, dans les cas de refoulement, on a tendance à réagir par le jugement, l'interprétation, le reproche, la prise en charge, la morale, le pouvoir, la rationalisation. Tous ces mécanismes tournés contre l'autre détruisent, du moins pour un temps, la communication et, progressivement, la confiance en soi et en l'autre.

Pourquoi réagit-on de façon défensive? Dans l'attitude défensive, on constate une fuite de ses émotions désagréables, une peur de sentir en soi la souffrance déclenchée par l'autre et une peur de se montrer devant l'autre avec des sentiments qu'on juge négatifs. Pour ne pas avoir mal dans la relation du moment, on se défend, le mécanisme de défense étant un moyen inconscient utilisé par le psychisme pour se protéger contre la présence d'émotions désagréables qui émergent du processus relationnel réel ou imaginaire.

Quand Lise est venue me consulter en thérapie individuelle, elle était complètement découragée. Son mariage avec Max n'était plus que disputes, reproches, conflits insurmontables. Elle se haïssait de l'aimer encore, alors qu'elle n'arrivait plus à communiquer avec lui. Elle lui en voulait profondément pour son manque d'écoute, son indifférence, ses retards de plus en plus fréquents, ses absences de plus en plus longues. Je lui ai alors proposé de me parler de son dernier conflit avec lui. C'était au petit déjeuner du matin. Elle avait passé la nuit sur le sofa du salon parce qu'ils s'étaient encore disputés la veille à cause du retard de Max. Elle l'avait traité de «sans coeur», d'hypocrite, d'infidèle, et j'en passe. Je lui ai fait observer que ces reproches répétés n'avaient pas donné de résultats satisfaisants jusqu'à maintenant et que, au contraire, leur relation se détériorait de jour en jour. Le reproche, en effet, entretient la culpabilité chez l'autre et, par conséquent, le désir de fuir pour ne pas se sentir coupable. J'ai aussi fait voir à Lise que les retards et les absences de Max la faisaient beaucoup souffrir parce que sa présence lui manquait, mais qu'au lieu de lui dire sa peine et son besoin d'être avec lui, elle se tenait sur la défensive, ce qui, par le fait même, perturbait sérieusement la communication. Au lieu de s'exprimer authentiquement et de parler d'elle-même, de ce qu'elle vivait et souhaitait, et au lieu de fixer des limites claires, elle se coupait de sa vie intérieure pour parler de lui en le blâmant et en tentant de le changer.

Le principal problème dans les cas de perturbation de la communication par des réactions défensives irresponsables, n'est pas surtout le fait de se défendre, ce qui est humain et tout à fait normal, mais la difficulté à reconnaître son erreur et à parler de soi plutôt que de parler de l'autre. Souvent l'orgueil et la honte de s'être trompé sont difficiles à admettre. Je crois que la capacité d'une personne à reconnaître ses erreurs est un des facteurs les plus importants de la communication authentique parce qu'elle rapproche considérablement ceux que l'attitude défensive avait éloignés. J'ai vécu à ce sujet de nombreuses expériences dont une, particulièrement saisissante, mérite d'être racontée ici.

Quand j'ai connu François, il était non seulement plus jeune que moi mais, à cause de difficultés scolaires, il était encore au cours secondaire, alors que je terminais mon Brevet A à l'École normale de Valleyfield où j'étais pensionnaire. J'ai eu la chance d'avoir des parents qui m'ont payé des études assez avancées pour l'époque. Je savais d'ailleurs qu'en acceptant de m'offrir cette possibilité, mon père s'engageait à donner la même chose à ses six autres enfants étant donné qu'il avait un sens aigu de la justice. Ma relation d'amitié avec François ne le dérangeait aucunement; c'est lorsque j'en suis devenue amoureuse que les problèmes se sont manifestés. Il acceptait bien François comme un de mes amis, mais non comme amoureux. Aussi a-t-il changé d'attitude envers lui et est-il devenu froid; parfois même il le rejetait. À cette époque de ma vie, j'en voulais à mon père parce que je ne comprenais pas.

Je me suis mariée. Il ne s'est pas objecté. Il était même présent au mariage et à la cérémonie, mais nous étions tous les deux très malheureux parce que notre relation était devenue distante et méfiante. J'en souffrais profondément parce que j'avais toujours aimé et admiré cet homme. Ce fut une des époques les plus difficiles de ma vie. J'ai choisi d'épouser un homme que j'aimais sans obtenir l'approbation profonde de mon père. Ce jour-là, j'ai poursuivi ma route, non par réaction, mais parce que je savais que c'était la bonne. J'ai alors écouté ma voix intérieure et, grâce à tout ce que j'ai vécu avec François, je ne l'ai jamais regretté d'autant plus que j'ai retrouvé la relation avec mon père quelques années plus tard.

C'était l'été, je crois, à la tombée du jour. Si je me fie à mes souvenirs, il faisait beau et chaud. J'étais dans la cuisine de notre appartement, rue de Lourdes à Rigaud lorsqu'il est entré. J'ai vu qu'il était grave et triste. Il a enlevé son chapeau, s'est tiré une chaise, nous a regardés tous les deux et nous a dit: «Je me suis trompé à votre sujet, je vous demande pardon. Tu as choisi l'homme qu'il te fallait ma fille». Nous avons pleuré en silence et, au fond de moi, j'étais remplie de gratitude pour ce père si extraordinaire. J'ai compris, ce jour-là, pourquoi je l'aimais et l'admirais tant. C'était un grand homme. Puis il a parlé de ses peurs. Il avait peur que j'épouse un homme qui soit à ma charge, un homme irresponsable et dépendant. Il avait peur que je sois malheureuse et, au lieu de me dire sa peur, il s'en était défendu par le jugement, l'interprétation, le rejet. La relation s'est rétablie ce soir-là avec plus d'intensité et de confiance que jamais, parce que mon père avait su reconnaître ses erreurs et qu'il avait exprimé son vécu réel. Il avait adopté une attitude défensive parce qu'il souffrait. Et en exprimant les peurs cachées sous son attitude défensive, il avait rétabli la communication authentique. Ce sont souvent ces peurs non exprimées qui briment les espoirs de se rencontrer dans l'authenticité.

D. Les peurs non exprimées

Toutes les émotions non écoutées et non exprimées perturbent considérablement la communication authentique, mais l'émotion la plus présente et la plus subtile dans bien des cas, celle qui brime le plus la communication, qui empêche la satisfaction des besoins, qui enlève la liberté d'action, c'est la peur. La peur s'infiltre dans le psychisme sans crier gare en prenant de multiples visages: peur de l'émotion d'abord, peur du rejet, du jugement, du ridicule, du conflit, de la critique, du non, du oui, de l'échec, de l'erreur, de la solitude, du changement, de la mort, de la folie, de l'intimité, de l'engagement, de l'envahissement, de l'humiliation, peur aussi de décevoir, de déplaire, de déranger, de blesser, de recevoir, de souffrir, de perdre sa liberté, de perdre le contrôle, de perdre l'autre, d'être incompris, de mourir, de s'affirmer, et j'en passe.

Chaque fois qu'on a peur et qu'on ne donne pas de place à sa peur dans une relation, on empêche la satisfaction d'un besoin. Voilà pourquoi il est important d'être à l'écoute de ses peurs et de les dire pour sentir le besoin sous-jacent. Il ne s'agit pas de travailler à faire disparaître la peur. Cet objectif est néfaste parce qu'il ne s'atteint qu'au prix d'une attitude défensive à outrance dont l'impact sur la communication est destructeur. Tenter d'éliminer la peur, c'est s'accrocher à une illusion. On n'élimine jamais la peur, de même que toutes les autres émotions. Leur apparition dans le psychisme est spontanée et inévitable tel que je l'ai démontré au chapitre du fonctionnement cérébral dans *Relation d'aide et amour de soi*. On ne peut faire disparaître une émotion. Ce qu'on fait généralement pour ne pas la sentir, c'est qu'on s'en coupe par des mécanismes de défense. La personne qui ne sent ni ses peurs, ni ses autres émotions est tout simplement blindée et les conséquences de son attitude défensive ne se manifestent pas seulement sur ses relations affectives, mais sur sa santé physique et psychique. La peur non entendue ne disparaît pas, elle s'enregistre dans le corps et le psychisme, diminue l'énergie vitale et cause, à long terme, des problèmes physiologiques et psychologiques plus ou moins graves.

Un travail sur le rétablissement des relations affectives perturbées passe par l'apprivoisement de la peur et l'acceptation de sa présence intermittente dans le psychisme. Pour mieux saisir les effets perturbateurs de la peur sur la communication, nous aborderons quelques peurs spécifiques, nous verrons aussi en quoi elles nuisent à la relation et comment ces mêmes peurs, une fois apprivoisées, peuvent la rétablir.

1. la peur du rejet

La peur du rejet est un facteur d'éloignement fréquent dans les relations affectives. Les personnes qui sont habitées par cette peur se caractérisent généralement par un manque d'amour d'elles-mêmes, une difficulté à se donner de l'importance et un manque de confiance en leur potentiel et en leur valeur. Aussi se rejettent-elles elles-mêmes constamment. Chez elles, tout peut être déclencheur de rejet: un silence, l'expression d'une émotion négative, un oubli, un retard, un non, une attitude, un regard, etc. En fait, elles projettent souvent sur les autres le propre rejet qu'elles ont d'elles-mêmes, ce qui les empêche d'être en relation. Cette peur les paralyse, les brime et les empêche de passer à l'action. Elles ont tendance à ne pas aller vers l'autre ou même à fuir pour éviter de vivre tout sentiment de rejet. Le paradoxe est que plus elles fuient et se retirent, moins on leur accorde d'importance, ce qui confirme l'opinion négative qu'elles ont d'elles-mêmes et entretient leur sentiment de rejet.

Que se passe-t-il en matière de communication chez une personne qui a peur du rejet? Généralement cette personne fera tout pour ne pas être rejetée. Elle sera charmante, gentille, ne dira que des choses agréables et agira constamment dans le but de plaire à l'autre. Elle ne sera pas à l'écoute d'elle-même, mais surtout à l'écoute des autres pour agir dans le sens de ce qu'ils aiment et souhaitent. Cette attitude défensive ne fait encore qu'entretenir le sentiment de ne pas être important, puisque la personne elle-même ne donne pas d'importance à ce qu'elle est. Elle tente de devenir ce que l'autre voudrait qu'elle soit.

Je me souviens d'un événement que j'ai vécu quand j'étais étudiante à l'Ecole normale. J'avais une permission à demander au principal de l'école et, à toutes les récréations, je me retrouvais devant la porte de son bureau, paralysée, incapable de frapper par peur d'être rejetée, de me faire dire que je ne me présentais pas au bon moment, que je ne faisais pas ma demande de la bonne façon, que ma demande n'était pas légitime, etc.; enfin, je n'en finissais plus de créer des scénarios et de m'imaginer le pire. Souvent, je me privais ainsi de choses importantes pour moi par peur du rejet. Au fond, c'est moi qui me rejetais moi-même et portais un jugement sur mes besoins, ce qui me privait et me frustrait constamment.

La première et la principale frustration des gens qui ont peur du rejet est le manque de communication authentique. Il est impossible d'être en relation avec quelqu'un qui fuit, qui se nie, quelqu'un dont le comportement est motivé par le désir de plaire à l'autre, sans se plaire à lui-même. L'attitude défensive de la personne qui a peur du rejet perturbe sérieusement la communication parce que sa vérité profonde n'est pas révélée.

De quoi est faite cette vérité? Elle est remplie de peurs et de besoins non satisfaits parce qu'ils ne sont pas entendus par la personne elle-même et non exprimés. Aussi par manque de communication authentique, cette personne se prive de ce dont elle a le plus besoin, l'amour et la reconnaissance des autres.

Apprendre à communiquer, c'est d'abord apprivoiser la peur, la sentir, l'écouter et lui donner de la place dans la relation. Au lieu de fuir ou de tenter de plaire à tout prix en étant centrée exclusivement sur l'autre, la personne se donne une place, une importance en exprimant sa peur. C'est la capacité à écouter ses peurs qui permet de sentir les besoins d'être aimé, reçu, accepté et de passer à l'action en s'exprimant dans la relation.

Retrouver la communication authentique, c'est d'abord se retrouver soi-même, et cela est toujours possible quand on se donne du temps et des moyens de travail sur soi. La peur ne disparaîtra pas, elle aura tout simplement sa place et c'est avec elle qu'on entrera en relation parce qu'elle fait partie de sa vérité profonde, donc de ce qu'on est. Le même phénomène se produit avec la soeur jumelle de la peur du rejet: la peur de décevoir.

2. la peur de décevoir

La peur de décevoir est une conséquence de la peur du rejet. Pour ne pas être rejetée, la personne marquée par le complexe d'abandon et le complexe d'infériorité se donnera comme objectif d'être parfaite. Seule la perfection, croit-elle, lui permettra d'échapper à la souffrance du rejet et du jugement. Cet objectif drainera une énergie considérable parce qu'elle est hantée par ce qu'elle voudrait être, ce qui l'empêche d'être elle-même. En fait, elle ne s'accepte pas telle qu'elle est et dépense toute son énergie à atteindre l'idéal de perfection qu'elle s'est fixé. N'ayant pratiquement aucune confiance en elle-même, elle est convaincue qu'elle ne mérite pas l'amour parce qu'elle n'en vaut pas la peine. C'est l'enfant à qui on a demandé la perfection et qui n'était pas accueilli et reconnu pour ce qu'il était. Cet enfant continue, à l'âge adulte, à avoir envers lui-même des exigences démesurées. Ce qui importe alors pour lui, c'est d'être ce qu'il faut être et de faire ce qu'il faut faire pour être à la hauteur. Son sentiment de n'être jamais compétent l'empêche de s'estimer et de se donner de l'importance. Aussi existe-t-il par ce qu'il fait beaucoup plus que par ce qu'il est.

Comme nous vivons dans une société de l'«avoir» et du «savoir», dans un monde où la fonction est plus importante que la personne, il est bien évident que ceux qui ont peur de décevoir parce qu'ils n'ont pas confiance en eux-mêmes vont tenter de «faire» le plus possible pour être à la hauteur.

J'ai été moi-même une mère exigeante avec mes deux aînés. Je me préoccupais bien sûr de ce qu'ils vivaient et de leurs besoins, mais j'avais projeté sur eux mon idéal de perfection. Je vivais à l'époque dans un petite ville où presque tout le monde se connaissait et où se trouvaient ma famille, mes élèves, mes amis, mes collègues de travail. Je ne voulais pas décevoir tous ces gens qui m'entouraient et j'exigeais alors beaucoup de moi-même et de mes enfants. Je voulais qu'ils réussissent bien à l'école et qu'ils donnent toujours le meilleur d'eux-mêmes.

Quand, en 1982, j'ai quitté ma ville natale pour aller faire mes études de doctorat à Paris avec François et nos quatre enfants âgés alors de 13, 10, 7 et 3 ans, quelque chose a basculé dans mes valeurs. Je me retrouvais dans une grande ville où je ne connaissais qu'une personne, dans un appartement de trois pièces, avec des meubles prêtés ou puisés dans des contenants déposés à certains endroits de la ville pour récupérer le mobilier dont les Parisiens se débarrassaient parce qu'il était abîmé ou hors d'usage. Pour réaliser ce projet et le prolonger trois années consécutives, nous n'avions les moyens de nous payer que l'essentiel: le loyer, la nourriture, les études et les visites culturelles.

C'est là, sur cette terre de mes ancêtres, que j'ai appris ce qu'est la liberté d'être soi-même. Je n'avais à peu près rien, j'étais étudiante à temps plein, j'ai donc dû, petit à petit, trouver ma valeur en moi-même. Ce que je faisais et ce que j'avais n'avaient plus la même importance; ce qui comptait surtout c'est ce que j'étais. J'ai appris là-bas à m'accepter et à m'apprécier vraiment, en étant consciente de mes forces, de mes faiblesses et de mes limites; j'ai aussi appris, par ce qu'a déclenché cette nouvelle situation, à ne plus viser la perfection pour ne pas décevoir. Au lieu d'agir pour plaire, j'ai appris à agir pour me plaire à moi. Je ne veux pas laisser croire qu'il ne m'arrive plus jamais de vivre cette peur de décevoir. Elle émerge encore en moi mais la différence, c'est que je n'en suis plus esclave. Je ne la laisse plus diriger mes actions dans le sens de ce qu'il faudrait être ou faire pour plaire. Je l'accueille et je m'en sers pour orienter ma vie dans le sens de mes besoins et de mes valeurs profondes. Quelque chose a changé dans mon approche avec les enfants. J'accorde beaucoup plus d'importance à l'expérience vécue qu'à la performance et à la réussite extérieure. Cela me rend plus accueillante et plus humaine. Je me rends compte chaque jour de ce changement dans ma relation avec eux. Quand ma fille, par exemple, m'a annoncé qu'elle était enceinte d'un homme qu'elle ne fréquentait que depuis quelques semaines, je me suis intéressée spontanément à ce qui se passait en elle, à savoir ce qu'elle vivait, ce qu'elle souhaitait. Cette expérience a été extraordinaire pour elle. Elle est maintenant mère d'un enfant de deux ans, heureuse avec le père de l'enfant et moi, je suis grand-mère.

Autrefois, devant un tel événement, j'aurais agi bien autrement. J'aurais eu du mal à écouter ma fille et à l'accueillir. Je me serais attardée à des considérations extérieures tels le fait qu'elle fréquentait le père depuis à peine deux semaines, qu'elle n'avait pas terminé ses études, que sa carrière de comédienne risquait d'être compromise, qu'elle n'avait pas les moyens financiers nécessaires pour élever un enfant. Toutes ces réactions que j'aurais autrefois eues avaient entretenu chez mes enfants leur peur de me décevoir. Cette fois, j'ai fait confiance à ma fille, à sa capacité de faire ses choix et de prendre ses décisions en fonction, non pas d'éléments extérieurs, mais de son senti et de ses besoins à elle. Aujourd'hui, ma famille s'est enrichie d'un homme que j'aime beaucoup et d'un enfant merveilleux. Et mon plus grand bonheur est d'avoir toujours conservé avec ma fille une communication authentique qui nous garde très proches l'une de l'autre.

C'est la confiance qu'on développe par rapport à soi-même et envers l'autre qui permet de transformer la peur de décevoir en moyen de propulsion. C'est cette confiance que le travail sur soi dans une relation d'aide authentique permet de retrouver. Sans elle, la personne qui a peur de décevoir bloquera sa créativité et tâchera de satisfaire des exigences aliénantes. Par peur de décevoir et de ne pas être parfaite, elle écoutera les autres plutôt que de s'écouter. Elle se niera. Dans la relation, elle ne se donnera pas d'espace intérieur, ce qui lui fera vivre de perpétuelles frustrations. Je le répète, il n'y a pas de communication authentique sans engagement profond et vrai des deux interlocuteurs. Si on n'écoute pas ses peurs de décevoir, on risque de se perdre dans le monde de l'autre plutôt que de favoriser la relation avec soi et la relation avec ceux qu'on aime. Le même problème se pose avec la peur de l'engagement.

3. la peur de l'engagement

Il n'y a pas de relation affective importante, solide, sans engagement. L'engagement assure la sécurité dans la relation, ce qui est fondamental puisque la satisfaction du besoin de sécurité constitue le fondement de la relation, son infrastructure. Je rencontre très souvent des couples dont la relation est une remise en question permanente parce que la souffrance de l'insécurité est insupportable. Pourtant ces personnes-là s'aiment, s'admirent, se reconnaissent mutuellement et, malgré tout cela, elles ne sont pas heureuses parce que leur union est construite sur du sable mouvant. On a beau être aimé et valorisé par les gens qui nous sont proches, la relation avec eux sera toujours difficile si on n'est pas d'abord sécurisé. Une relation vécue dans l'insécurité est source, chez l'un ou chez les deux partenaires, d'angoisse, de sentiment de vide, de doute chronique, de peur de mourir, de peur de la folie. On paye très cher le fait de ne pas s'occuper de son besoin de sécurité dans une relation. On le paye non seulement par une souffrance intérieure profonde, mais aussi par une incapacité à communiquer authentiquement parce que la peur et le doute prennent toute la place et empêchent de faire confiance.

Quelles sont les causes de cette insécurité dans la relation affective entre partenaires amoureux, entre amis, entre parents et enfants, entre aidants et aidés? Les principales causes sont le non-dit, le double message et surtout la peur de l'engagement.

En quoi consiste l'engagement dans une relation? **S'engager, c'est s'attacher, inspirer confiance par l'authenticité et la responsabilité, assurer à l'autre une affection, une présence, une fidélité constantes et sécurisantes en dépit des difficultés et des obstacles.**

Ce qui empêche certaines personnes de s'engager, c'est la peur de s'attacher par crainte de souffrir et de perdre leur liberté. Elles butinent comme une abeille d'une personne à l'autre sans port d'attache et se retrouvent seules avec un vide intérieur, un manque profond qui, à la longue, fait très mal. En effet, on peut s'étourdir dans l'éparpillement et la superficialité pendant un certain temps pour ne pas sentir le manque d'attachement. Mais arrive toujours un moment dans la vie d'une personne où ce manque, qui n'a pas de nom et de visage, gruge de l'intérieur et fait, à son insu, ses ravages. Pour ne pas souffrir et être libre, certains finissent par connaître une souffrance plus grande et par être des esclaves enchaînés à leurs peurs.

Je crois profondément que l'être humain a un besoin viscéral d'attachement pour se réaliser, être heureux et, paradoxalement, être libre. S'attacher, c'est effectivement accepter de souffrir parce qu'il n'existe pas de relation affective sans souffrance. Mais il n'y a pas non plus de relation affective où la communication authentique est présente sans bonheur. Ce n'est pas l'engagement qui fait mal mais la difficulté à communiquer, à partager la souffrance et la croyance que, dans l'attachement, on perd sa liberté. Et pourtant ce n'est pas l'attachement et l'engagement qui font perdre la liberté à une personne, mais l'incapacité de cette personne à rester elle-même dans sa relation avec l'autre, sa difficulté à s'affirmer et à se donner l'espace dont elle a besoin.

L'attachement mutuel est en soi un facteur de liberté. Voilà le paradoxe de l'engagement. Dans l'engagement et l'attachement, il y a une sécurité fondée sur la confiance de la constance. Pour bien comprendre ce phénomène, observons les enfants. Quand ils manquent de sécurité, de confiance à cause de l'inconstance de la présence et de l'amour de leurs parents, ils deviennent dépendants de cet amour, ils s'y accrochent par tous les moyens. Un enfant insécurisé n'est pas libre et enlève toute liberté à sa mère, parce qu'il ressent toujours un manque et son besoin n'est jamais comblé. Il en est de même pour l'adulte dont le besoin de sécurité est aussi fort. S'il vit des relations où il y a engagement et attachement au sens défini ici, il sera sécurisé, plus autonome parce qu'il ne vivra pas constamment dans la souffrance du manque affectif.

Les personnes qui ne s'attachent pas par peur de l'engagement entretiennent chez les autres le sentiment de manque, ce qui fait qu'elles se retrouvent toujours avec des personnes dépendantes. Ainsi nourrissentelles leur peur de l'engagement et continuent-elles à voltiger d'une relation à l'autre.

Cela signifie-t-il qu'il suffit de s'attacher pour être libre dans la relation affective?

L'attachement assure la sécurité et la satisfaction si chacun des partenaires de la relation est capable d'être lui-même et de prendre sa place dans le respect et l'écoute de l'autre. Choisir l'engagement, c'est choisir d'inspirer confiance par l'authenticité, par la constance de l'attachement - s'il est réel bien sûr - et par la capacité à surmonter les souffrances relationnelles sans fuir. Cela implique des contraintes. Chaque relation engendre ses limites. On ne peut être en relation comme si on était seul. Il importe d'une part de se respecter, de se donner la liberté d'être soi-même, mais aussi de tenir compte du partenaire. Autrement dit, être libre dans une relation ce n'est pas faire ce qu'on veut, mais être ce que l'on est. Il y a ce qu'on veut et ce que l'autre veut et on ne peut pas réussir une relation en ne tenant compte que de ses besoins à soi ou que des besoins de l'autre. C'est ici que la communication authentique est importante. S'il y a attachement, cette communication ne sera ni menaçante ni déchirante mais, au contraire, elle sera propulsive parce que fondée sur la sécurité de l'engagement.

Travailler sa peur de l'engagement, c'est s'occuper de son besoin d'amour et de sécurité, c'est apprendre à vivre l'attachement et la peur de souffrir, mais c'est aussi travailler son regard sur la vie parce que dans le véritable attachement, il y a satisfaction des besoins fondamentaux et ce, qu'il s'agisse d'un attachement amical, amoureux, filial ou d'ordre professionnel. Dans le véritable attachement, il y a aussi la relation entre deux personnes qui travaillent à être elles-mêmes dans le respect de l'autre, sans quoi la communication authentique est impossible. Le véritable engagement n'est pas celui qu'on prend à la légère et qu'on ne respecte pas, ni celui qu'on prend pour plaire à l'autre ou pour ne pas le perdre, mais celui qu'on prend par respect de soi-même, par fidélité à ses besoins. Et l'un des principaux obstacles à la capacité d'être fidèle à soi-même pour mieux communiquer, c'est la peur de blesser.

4. la peur de blesser

Je viens d'une famille où le besoin de s'exprimer et de s'assumer était plus fort que la peur de blesser. C'est du moins l'expérience que j'ai retenue. Par contre, comme je l'ai mentionné précédemment, nous n'étions pas toujours responsables. J'ai appris, avec mes parents, à ne pas mettre de gants blancs pour parler. J'ai vu mon père dire clairement des choses difficiles à ma mère, à ses enfants, à ses frères et soeurs, à ses amis, à sa mère. Et ma mère avait une spontanéité telle qu'elle se permettait d'exprimer tout ce qui lui passait par la tête et par le coeur assez couramment. Cette éducation a eu comme avantage de ne pas entretenir de refoulement. C'était une valeur importante pour mon père que celle de dire les choses directement aux personnes concernées. Aussi, il n'avait pas l'habitude de critiquer les autres en leur absence parce qu'il avait le courage, quand il vivait des malaises, de le dire ouvertement. Il s'attirait ainsi la confiance et le respect de la plupart des gens. Mon père était, dans mon souvenir, un homme aimé et admiré.

Je suis fière de l'éducation que j'ai reçue, fière d'avoir appris à me dire, mais j'en ai aussi beaucoup souffert. J'ai souffert des conflits, des querelles, des chicanes causés surtout par le manque de responsabilité. Cette souffrance a eu un impact sur mon comportement quand j'ai connu la famille de François. J'ai été au départ impressionnée et envoûtée par l'atmosphère de calme, de tendresse, de stabilité, de douceur, de sécurité affective qui régnait dans cette famille. Leur disponibilité les uns pour les autres, leur attention mutuelle m'ont touchée au point d'en être influencée. Dans cette famille, il y avait un souci constant de ne pas blesser l'autre, de ne pas lui faire de peine et surtout de ne pas provoquer de conflits. Cependant au bout d'un certain temps, je me suis rendu compte que, pour ne pas blesser, pour éviter le conflit et surtout pour être aimée, j'en étais arrivée à me nier, à refouler mes sentiments, à ne plus être moi-même et, ainsi, à ne plus avoir envie de visiter ma belle-famille.

J'ai compris plus tard que François et moi avions intégré des valeurs complémentaires par notre éducation respective et qu'il n'y a pas de milieu familial parfait. Autant il a été difficile pour lui de vivre avec une femme qui vit ses émotions et qui s'exprime de façon très souvent blessante parce qu'irresponsable, autant il a été difficile pour moi de faire face à ses silences, à son attitude de fermeture, à sa froideur. Par contre, s'il a bénéficié largement de mon authenticité, de ma nature intense, passionnée et déterminée, de mon ouverture à l'aventure et au changement, de ma capacité à passer à l'action, j'ai reçu avec beaucoup de reconnaissance la sécurité de son engagement affectif, de sa disponibilité sans bornes, de sa débrouillardise, de son attention sans relâche, de son soutien permanent.

Aujourd'hui, j'ai le sentiment profond que nous avons tous les deux beaucoup reçu de nos familles et que nous avons à composer avec les différentes forces et faiblesses dues à notre éducation pour nous rencontrer, communiquer authentiquement et ce, sans nous nier et sans nous ménager au risque de blesser.

Il est évident que si on s'exprime de façon irresponsable, on risque fortement de faire mal. Il n'en reste pas moins que l'authenticité dans la responsabilité risque aussi de blesser, de déranger, de causer des conflits. Mais si, par peur de blesser, de déranger, de vivre l'inconfort des conflits, on s'empêche d'être soi-même et de s'exprimer, on perturbe les échanges qui perdent petit à petit en profondeur et en intensité par manque de vérité.

Quand on se nie pour ne pas blesser, on ménage l'autre et, par le fait même, on se ménage soi-même. Ménager, c'est s'occuper de l'autre plutôt que de s'occuper de soi, c'est être avec l'autre plutôt qu'avec soi. Ménager, c'est prendre en charge. La communication authentique n'est possible que si chacun s'occupe de lui-même dans le respect de l'autre. Y a-t-il plus grand respect que celui d'avoir confiance en la capacité de l'autre à recevoir la vérité intérieure? Quand on ménage, quand on ne se vit pas authentiquement par peur de blesser, on entretient chez l'autre le sentiment de fragilité, on détruit la confiance et on tue l'amour à petit feu pour le remplacer par la pitié.

Jeanne et Gertrude sont deux soeurs jumelles. Elles avaient trente-cinq ans lorsqu'elles sont venues me consulter. Leur relation qui avait été conflictuelle à l'adolescence était devenue tiède et distante à l'âge adulte. Ce qui les avait amenées en thérapie était le manque profond que ressentait Jeanne, qui était au fond très attachée à sa soeur jumelle. Leur travail avec moi leur a fait prendre conscience que la souffrance des conflits dus à la jalousie et à la compétition au moment de leur adolescence avait été tellement grande qu'elles avaient aujourd'hui peur d'être blessées et de blesser l'autre et que cela les empêchait d'être elles-mêmes. Aussi, quand elles se rencontraient, étaient-elles constamment sur la défensive et se limitaient-elles à des paroles très superficielles.

Il a été difficile d'aider Jeanne et Gertrude à cause de leur méfiance l'une envers l'autre. Elles n'osaient rien dire de désagréable parce qu'elles décidaient que l'autre ne serait pas contente, que l'autre porterait un jugement, que l'autre ne serait pas d'accord. En fait, elles avaient énormément de difficultés à être présentes à elles-mêmes, elles ne s'occupaient que de l'autre, décidaient du vécu de l'autre, ne pensaient que pour l'autre. Cette attitude défensive les empêchait de se donner de l'importance, d'être à l'écoute d'elles-mêmes et d'être authentiques. Par peur de blesser ou d'être blessées, elles ménageaient l'autre et se trouvaient ainsi dans un cul-de-sac relationnel où rien ne débloquait. La communication devenait alors impossible et le sentiment de manque, plus cuisant.

Travailler la peur de blesser et d'être blessé, c'est travailler l'écoute de soi, l'amour de soi. Pour communiquer, il importe de s'aimer assez pour vivre authentiquement de façon responsable en faisant face à sa souffrance et à celle de l'autre. Il ne s'agit pas de blesser pour blesser, mais d'accepter qu'il n'y a pas de communication authentique sans souffrance et que c'est la capacité à vivre cette souffrance qui rend la relation plus solide, plus sécurisante et donc, à long terme, plus heureuse.

C'est par l'écoute de leurs peurs et de leurs besoins que Jeanne et Gertrude ont réussi à se voir l'une l'autre telles qu'elles étaient. Elles ont pu, de cette façon, exister dans la relation. On observait dans leur démarche une satisfaction évidente, doublée d'une peur qu'elles exprimaient de plus en plus: la peur du changement.

5. la peur du changement

Changer c'est évoluer, c'est aussi modifier, sans que le changement n'affecte l'essence de ce qui change (Le Petit Robert). Autrement dit, changer ce n'est pas devenir un autre mais trouver son essence, sa nature même. Le véritable changement intérieur d'une personne passe par les différentes étapes d'une évolution qui la conduit au coeur d'elle-même, à la découverte et au respect le plus profond de ce qu'elle est. Changer, c'est donc travailler à aller de plus en plus en soi-même par la connaissance et l'écoute de soi. Et cette démarche fait peur parce qu'elle place en face de l'inconnu qui habite en chacun de nous. La peur du changement est en réalité une peur de cet inconnu. Changer, c'est composer avec l'immatériel et l'irrationnel en soi et en l'autre. Il est possible de contrôler la peur de l'inconnu par les structures rationnelles et l'organisation matérielle. On peut très bien se créer un monde où tout est contrôlé: la situation économique, la vie professionnelle, la vie affective et relationnelle. Le contrôle est le principal ennemi du changement. Contrôler, c'est exercer son pouvoir sur le monde extérieur, son monde intérieur et celui des autres, par peur de l'inconnu.

Pourquoi contrôle-t-on?

On contrôle parce qu'on ne se connaît pas, parce qu'on n'a pas confiance en sa capacité à s'exprimer, à s'affirmer, à être soi, dans le présent de la relation et des situations. On contrôle le monde extérieur parce qu'on contrôle aussi l'inconnu de son monde intérieur. De quoi est fait cet inconnu? Il est fait de tout ce qui ne se classe pas comme les objets, de tout ce qui ne s'organise pas comme les structures et de tout ce qui ne s'analyse pas comme les idées. L'inconnu du monde intérieur est fait d'émotions, de sentiments, d'intuitions, de forces spirituelles. C'est la peur de cet inconnu, la peur de ce qu'on va y découvrir qui déclenche le mécanisme défensif du contrôle et qui empêche d'avoir le pouvoir sur sa vie. Par manque d'écoute et de connaissance de soi et de l'autre, on adopte un comportement défensif qui nuit, à court ou à long terme, à toutes ses relations.

Changer, c'est reconnaître la peur de l'inconnu sur les plans émotionnel, intuitif et spirituel, pour y accéder de façon à y être aussi à l'aise qu'avec le monde rationnel et le monde matériel. Et cela n'est pas facile. En effet, la peur de découvrir quelque chose de monstrueux en soi est souvent un obstacle à l'écoute de la vie intérieure.

Que se passe-t-il sur le plan relationnel quand on a peur du changement intérieur? Dans ce cas, chacun aura inconsciemment tendance à contrôler l'autre pour ne pas sentir les vibrations intérieures que cet autre déclenche en lui-même. Il se créera ainsi une relation où la communication authentique n'existe pas parce que la révélation de la vérité intérieure est absente.

Cette peur du changement par crainte de l'inconnu se manifeste aussi par rapport au monde extérieur. Certaines personnes s'organisent une vie très routinière de façon à ce qu'il y ait le moins de changement possible: elles rencontrent toujours les mêmes individus, toujours dans les mêmes circonstances, font les choses toujours de la même manière, vont toujours aux mêmes endroits et répètent inlassablement les mêmes gestes, d'un jour à l'autre, d'une année à l'autre. Cette attitude engendre un impact négatif sur la relation parce qu'elle risque de susciter de l'ennui, étant donné que les déclencheurs extérieurs sont toujours les mêmes. Je crois qu'il est fondamental qu'une relation connaisse constamment de nouveaux déclencheurs pour la maintenir vivante et la faire évoluer, que ces déclencheurs soient de nouveaux amis, un nouvel environnement, de nouvelles expériences professionnelles ou relationnelles, de nouvelles aventures. Chaque nouveau déclencheur extérieur exerce un impact sur le monde intérieur, qui fait bouger la personne et, par conséquent, la relation, ce qui nourrit la communication. Il ne s'agit pas de tout changer, ce qui serait aussi néfaste que l'absence de changement parce que l'insécurité serait insupportable. Le changement favorable est toujours accompagné d'éléments connus pour permettre d'apprivoiser plus sainement la peur de l'inconnu. En voici un exemple personnel.

François et moi avions l'habitude au cours de l'hiver de faire un peu de ski de randonnée. Nos trois fils, par contre, sont amateurs de ski alpin. Nous avons décidé, l'hiver dernier, pour les vacances de Noël, de louer un condo au mont Ste-Anne près de Québec. Cela nous permettait de nous retrouver en famille pendant une semaine et de faire de l'exercice en plein air. Nos fils qui étaient un peu déçus par le fait que nous ne les accompagnions pas sur les pentes ont insisté pour que nous profitions de ces vacances pour apprendre à pratiquer ce sport. J'avais très peur de l'inconnu et quand je les voyais dévaler les pentes, ma peur devenait plus intense. Par contre, la présence de la famille me sécurisait. J'étais partagée entre mon envie d'essayer et ma peur de ne pas réussir. Il me semblait que j'étais trop vieille pour apprendre, que mon corps n'était pas assez souple, que c'était un sport pour les jeunes. Enfin, toutes les raisons étaient bonnes pour ne pas apprivoiser ma peur et pour tuer le rêve de faire du ski alpin que j'avais entretenu depuis mon adolescence. Après de longs moments d'hésitation, nous avons décidé de louer un équipement, d'avoir recours aux services d'un professeur et de vivre cette nouvelle expérience. Si je m'étais limitée à ce premier cours, je n'aurais pas continué. J'avais tellement peur que j'étais tendue comme un fil de fer, ce qui fait qu'après une heure de leçon j'étais complètement épuisée. J'avais le sentiment que je n'y arriverais jamais, sentiment entretenu par la comparaison que je faisais avec François qui, en une heure, a fait des progrès tels qu'il a pu continuer sans aucun autre cours. Ma seconde expérience a été aussi éprouvante. Une seule chose m'a poussée à ne pas abandonner: mon désir de partager le plaisir qu'éprouvaient François et mes fils à faire du ski ensemble et mon besoin d'être avec eux. J'ai donc suivi des cours tous les matins et, à la fin de la semaine, je pouvais descendre seule et sans problème les pentes pour débutants. Par la suite, j'ai fait du ski alpin au moins une fois par semaine durant tout l'hiver jusqu'au mois d'avril parce que j'y trouvais un plaisir indéniable.

Ce que j'ai retiré de cette expérience n'a pas de prix. J'ai maintenant la possibilité de pratiquer ce sport merveilleux tous les hivers, de partager une activité de plus avec ma famille. Mais le plus important, c'est ce que j'en ai retiré sur le plan de la relation avec François et les enfants ainsi que sur le plan de la relation avec moi-même. Le ski alpin était pour moi un sport inaccessible. J'étais convaincue que jamais je n'arriverais à le pratiquer et j'entretenais cette conviction par peur de l'inconnu et du changement. Le fait d'avoir réussi à démystifier ce sport a eu sur moi un impact extraordinaire. L'inaccessible peut devenir accessible si j'apprivoise ma peur de l'inconnu et si je ne me laisse pas arrêter par les obstacles du parcours. J'ai aujourd'hui 50 ans et je sais maintenant que si je m'empêche d'apprivoiser mes peurs et de réaliser mes rêves, ce n'est pas à cause de mon âge, mais à cause de mes peurs non écoutées et non dépassées et de mon manque de détermination.

Cet événement a aussi eu un impact sur ma relation avec François. Une fois de plus, il a mis en évidence nos différences. En vivant et en lui exprimant mes peurs et mon sentiment d'infériorité, j'ai pu éviter de glisser dans le piège de la compétition et de la performance ou dans celui du sabotage de mes rêves. Cela m'a permis d'accepter mon rythme d'apprentissage. Autrement dit, cette nouvelle expérience a suscité des réactions émotionnelles qui nous ont fait évoluer parce que nous nous les sommes communiquées authentiquement. Il s'agit d'une évolution non seulement sur le plan de l'apprentissage du ski, mais aussi sur les plans personnel et relationnel.

Les peurs font partie intégrante du fonctionnement psychique d'un être humain. Elles font obstacle à la communication si elles sont niées, banalisées, refoulées. Par contre, quand elles sont écoutées et exprimées dans la responsabilité et l'authenticité, elles ont le pouvoir de mettre les gens en relation et, par la communication, de favoriser la connaissance de soi et l'évolution de la personne et de la relation. Ce phénomène se produit de la même manière avec la peur du jugement.

6. la peur du jugement

Je ne m'attarderai pas ici à l'aspect juridique du jugement mais plutôt à son aspect humain, relationnel. Si, dans une relation, le jugement consiste à «émettre une opinion favorable ou défavorable sur» quelque chose de particulier (Le Petit Robert), il ne pose pas de problème, bien au contraire, puisqu'il donne à chacun la possibilité d'exprimer son point de vue, sa position, sa manière de penser. Le problème se pose quand cette opinion est décrétée à titre de vérité. Dans ce cas, nous risquons de nous trouver devant deux personnes qui détiennent la vérité, s'affrontent et veulent avoir raison. C'est ainsi que commencent les jeux de pouvoir qui entretiennent la peur du jugement.

En fait, ce ne sont pas les opinions différentes qui causent les problèmes relationnels mais la conviction de détenir la vérité, la certitude qu'on a raison et que l'autre a tort. Voilà d'ailleurs ce qui cause les guerres partout dans le monde.

Mais qu'y a-t-il derrière le besoin d'avoir raison? Se cachent là un besoin immense d'être reconnu et une peur très grande d'être humilié, rabaissé, dominé, rejeté, jugé. Le jeu de pouvoir qui en découle est une attitude défensive qui masque des besoins et des peurs non écoutés et non exprimés, ce qui devient un obstacle majeur à la communication authentique.

La peur de l'humiliation et du jugement entraîne la tendance au perfectionnisme, à la performance et au besoin de prouver parce qu'elle est née d'une expérience de vie douloureuse qui a amené la personne habitée par cette peur à croire qu'il faut être parfait pour être aimé. Aussi ne doit-elle jamais faire d'erreur pour éviter d'être jugée, humiliée, ridiculisée, rejetée. Elle éprouve donc un besoin vital d'avoir raison, difficile à déloger par honte de montrer qu'elle est imparfaite, honte de montrer ses peurs et ses besoins, honte de montrer sa vulnérabilité; tout ça parce qu'elle est convaincue par le jugement qu'elle porte sur elle-même que ce qu'elle est n'est pas valable et que c'est la vérité qu'elle détient qui lui donne sa valeur et son importance. Si cette vérité s'écroule parce qu'elle a tort, elle n'est plus rien.

Cette attitude défensive rend ses relations affectives parfois difficiles à cause des jeux de pouvoir qu'elle crée et des conflits qui en découlent. De telles relations rendent impossible toute communication parce qu'il n'y a pas de place pour l'écoute et l'expression de ses besoins et de ses peurs, pour l'écoute de l'autre, pour l'acceptation de soi et de l'autre, pour le droit à la différence. Certains intervenants tentent de régler ces conflits en mettant l'accent sur les faits, ce qui a pour conséquence de produire un gagnant et un perdant et d'entretenir soit la peur de l'humiliation et du jugement, soit le besoin d'avoir raison. On ne règle jamais un conflit en essayant de rétablir les faits pour savoir qui a raison et qui a tort, mais en exprimant les besoins et les peurs qui nous habitent. Seule l'expression de la vérité intérieure rapproche vraiment les gens parce qu'elle n'est pas défensive et parce qu'elle maintient la relation.

Chaque fois que le jugement apparaît, la relation se brise, du moins pour un temps. Et ce qui entretient le jugement qu'on a sur les autres et sur soi-même, c'est le blâme, le reproche, la réprimande. Chaque fois que nous tombons dans ces écueils défensifs, nous nous disqualifions nous-mêmes et nous discréditons les autres. Il faut établir une différence entre blâmer et donner une opinion ou faire une observation objective précise dans le respect de la personne à qui on s'adresse. Blâmer, c'est se placer en juge, en supérieur, voire en dominateur. Blâmer dans une relation affective, c'est exercer un pouvoir sur l'autre, ce qui a pour effet de susciter le manque de confiance en soi, l'infériorisation, la peur d'être soi-même par peur d'être jugé dans sa différence.

Les effets négatifs du blâme sur la communication authentique se manifestent par la rupture plus ou moins prolongée de la relation. On se parle sans être en relation parce qu'on est sur la défensive. Il y a dans l'écueil du reproche une difficulté à rester en contact avec son émotion propre, d'où une tendance à juger l'autre avec, comme conséquence, une perte de pouvoir sur sa vie.

La peur du jugement n'est donc pas une peur sans fondements puisque de nombreux déclencheurs peuvent la susciter dans nos relations, dans la société et surtout en nous-mêmes. Mais le plus grand déclencheur de cette peur, c'est le jugement que nous portons sur les autres. Nous avons peur d'être jugés parce que nous jugeons et parce que nous nous jugeons nous-même. Voilà la vérité. Le problème sur le plan de la communication n'est pas qu'on soit un être qui juge, mais plutôt qu'on ne soit pas capable d'accueillir ses jugements, de devenir responsable de ce qui se passe en soi, de prendre conscience de ses émotions et de les exprimer. Cette difficulté suscite des comportements défensifs. Quand l'écueil est reconnu et que le vécu et les besoins sont exprimés, la communication se rétablit et la relation se recrée. Voilà pourquoi les peurs ne sont pas en soi des obstacles à la communication authentique; elles le deviennent, je le répète, quand elles sont niées ou refoulées, quand elles n'ont pas leur place dans la relation avec soi et avec les autres et ce, qu'il s'agisse de n'importe quelle peur, y compris la peur de l'envahissement.

7. la peur de l'envahissement

Il m'est impossible d'aborder le thème de l'envahissement sans parler de moi-même. Je suis fondamentalement ce que j'appelle une «envahie». Ayant grandi dans une civilisation judéo-chrétienne, j'ai appris très jeune l'importance de l'altruisme, du partage et de l'oubli de soi. J'ai même cru qu'il était égoïste d'avoir quelque chose à soi. Aussi par peur de ne pas être aimée et d'être trop égoïste, je me laissais envahir dans mon territoire et, excepté avec mes enfants et mes élèves, j'avais beaucoup de difficultés à poser mes limites. J'attirais d'ailleurs beaucoup les «envahisseurs» auxquels je donnais le pouvoir de m'envahir par peur de les perdre et par besoin d'être reconnue. Mais c'est l'inverse qui se produisait. Plus je me laissais envahir, moins j'étais respectée et importante.

J'ai beaucoup souffert de l'envahissement et ma souffrance fut encore plus grande lorsque j'ai pris conscience que dans certains domaines je me sentais tout à fait incompétente. C'est alors qu'a commencé un long travail sur moi-même pour apprendre à m'aimer assez, de façon à me donner suffisamment d'importance pour m'affirmer au risque de perdre. J'ai effectivement perdu beaucoup, mais ce que j'ai gagné est inestimable. Et c'est peut-être cette satisfaction et cette fierté d'avoir été fidèle à moi-même qui fait que je n'ai aucun regret. J'ai appris à me respecter et à me faire respecter. J'ai appris à m'aimer assez pour ne plus me laisser envahir par peur de perdre et ce, dans le respect et l'amour des autres. J'ai appris à créer des relations dans lesquelles je connais la communication authentique parce que je laisse de la place à cette peur d'être envahie qui parfois me saisit encore. J'ai utilisé cette expérience pour me construire et non pour me détruire en ruminant le passé; voilà pourquoi je n'ai pas de regret. Je reste cependant vulnérable et je suis encore souvent habitée par cette peur de me laisser envahir à cause d'un manque d'affirmation dans le présent de mes relations. Je sais toutefois qu'il est important que j'exprime cette peur pour éviter de glisser dans des scénarios imaginaires qui déforment la réalité tout autant que pour garder la communication authentique.

La peur d'être envahi naît d'expériences réelles d'envahissement tels par exemple, la lecture de son journal personnel par une autre personne, l'appropriation par les autres de biens personnels sans qu'ils aient été demandés, le harcèlement, la manipulation, le viol. C'est une peur qui tient à de réelles et humiliantes souffrances. On la rencontre chez de nombreuses personnes parce que, dans bien des cas, l'éducation n'en a pas tenu compte. On n'apprend pas aux enfants à dire non, à exprimer ce qu'ils veulent, à se faire respecter ou, quand ils le font, on ne les écoute pas et on n'en tient pas compte. Les jeunes vivent des malaises profonds qu'ils ne peuvent identifier et sur lesquels ils n'ont pas de pouvoir parce qu'ils ne sont pas écoutés. On apprend généralement aux enfants à respecter les autres, mais on ne leur apprend pas à se respecter eux-mêmes en posant leurs limites, en disant non, en délimitant leur territoire.

Cette forme d'apprentissage suppose que nous aidions l'enfant à être lui-même en respectant sa différence, que nous l'encouragions à exprimer ce qu'il veut et ce qu'il ne veut pas, ce qui est loin d'être évident dans les milieux éducatifs, spécialement dans les familles où tout appartient à tout le monde, tant dans la vie physique que psychique. La personne humaine devient un jardin public que tous peuvent envahir sans même se poser de questions. Un jour arrive où, n'ayant plus de vie privée, s'installe la peur des autres et le besoin de s'en défendre par l'isolement, le mutisme ou la violence. Ces attitudes défensives ont pour effet d'altérer sérieusement la relation et de rendre la communication impossible.

Il n'est pas facile, dans une relation, de travailler le respect de soi et de l'autre. À mon avis, ce travail passe par l'établissement d'une différence entre le «contenant» et le «contenu» de la relation. Ces notions, élaborées dans *Relation d'aide et amour de soi*, méritent d'être rappelées ici. Le contenant, c'est le territoire physique: son logement, son terrain, ses vêtements, ses meubles, ses livres, son corps, etc. Par rapport à ce territoire physique, il est important de distinguer clairement ce qui appartient à chacun et d'apprendre ensuite à décider quelles sont ses limites à respecter par rapport au territoire personnel de chacune des personnes avec lesquelles on est en relation. C'est la capacité à s'affirmer clairement et à se faire respecter dans ce qu'on décide qui rend la relation agréable et la communication possible. La première étape de ce travail consiste d'abord à prendre conscience des malaises de l'envahissement pour ensuite délimiter son territoire de façon à pouvoir poser ses limites. Une fois ces étapes franchies, le plus difficile reste à venir: faire respecter ses limites. Si j'ai affaire à des gens qui ne sont pas envahisseurs, le problème ne se pose pas. Avec les envahisseurs, il est souvent nécessaire d'ajouter des conséquences aux limites non respectées et d'appliquer ces conséquences le cas échéant.

J'ai suivi l'été dernier un cours d'anglais avec un professeur qui m'a beaucoup impressionnée par sa compétence, son professionalisme, son ouverture, son respect des personnes et des différences. J'avais beaucoup d'admiration pour cet homme. Une chose m'a toutefois déçue. Au début du programme, il a clairement posé l'exigence de la présence à 75% des cours pour obtenir l'attestation. À la fin, tout le monde a reçu cette attestation même ceux qui n'avaient pas respecté l'exigence. Qu'arrive-t-il dans ces cas-là? Au cours suivant, les étudiants ne tiendront plus compte de l'exigence et le professeur ne se sentira pas respecté par manque de capacité à imposer les conséquences fixées. Voilà un problème majeur dans l'éducation des enfants. Certains parents et certains éducateurs sont envahis et non respectés parce qu'ils ne se font pas respecter. La même chose peut se produire chez les adultes dans une relation affective. Il peut arriver un moment où, par respect et amour de soi et même au risque de perdre, on décide d'appliquer des conséquences difficiles à assumer mais nécessaires si l'on veut exister et être important dans la relation. Certaines conséquences peuvent aller jusqu'à placer l'autre devant le choix de rester ou de partir. Il arrive que, par respect et amour de soi, l'on choisisse de perdre quelqu'un ou quelque chose et cela ne se fait pas sans souffrance. Il ne s'agit pas d'imposer des conséquences uniquement pour exercer un pouvoir sur l'autre. Si on agit ainsi, on est toujours perdant parce qu'on agit contre l'autre, en fonction de l'autre et non pour soi-même. L'attitude défensive, sans reconnaissance de ses erreurs, perturbe toujours la relation. Il s'agit donc d'imposer des conséquences par respect de soi-même. Cette nuance est fondamentale. En agissant d'abord pour soi, on perdra peut-être cette relation ou, du moins, on risquera de la perdre, mais, fondamentalement, on se retrouve soi-même et on court des chances de garder cette relation à cause de l'authenticité.

Le même phénomène se produit dans le domaine professionnel. De quoi est alors fait le territoire? Il est constitué non seulement de l'espace physique qu'on occupe et des choses matérielles qui appartiennent à chacun, mais aussi de sa fonction, de sa tâche précise. Je travaille depuis près de 10 ans avec mon conjoint au Centre de Relation d'aide de Montréal. Nous avons tous les deux la responsabilité du fonctionnement du centre. Comme nous sommes deux leaders, il est évident que les jeux de pouvoir risquaient de contaminer notre relation sur le plan professionnel. Ce problème ne s'est pas posé parce que avons défini clairement chacune de nos fonctions, en établissant catégoriquement qu'il n'était pas question d'envahir le territoire de l'autre. Si, par exemple, un étudiant vient me voir pour un problème qui touche les affaires administratives, je lui dis clairement que ce n'est pas ma responsabilité mais celle de François. Il fait la même chose quand il s'agit du secteur pédagogique. Nous nous sentons tous les deux importants et respectés, chacun dans sa spécialité, ce qui ne nous empêche pas de nous consulter très fréquemment. Nous savons que nous ne serons pas envahis dans notre territoire. Et si l'un de nous deux le fait par inadvertance, et cela se produit à l'occasion, nous avons la capacité de reconnaître notre erreur et de respecter nos territoires. De cette façon, la relation est plus sécurisante parce que nous nous occupons de notre peur de l'envahissement. Je tiens à préciser ici, qu'en parlant de la peur de l'envahissement, je ne discrédite pas les envahisseurs, bien au contraire. L'envahisseur n'est pas «le mauvais» et l'envahi, «le bon». Il s'agit, en fait, d'un modèle relationnel insatisfaisant où les deux interlocuteurs ont des remises en question à faire à propos d'eux-mêmes et où chacun a sa part de responsabilité. Si l'un envahit, l'autre se laisse envahir tant dans son territoire physique et professionnel, que je nomme le contenant, que dans son territoire affectif que j'appelle le contenu.

Mais comment peut-on être envahi dans son territoire affectif ou émotionnel?

On envahit le territoire affectif d'une personne quand on contrôle ses émotions, quand on les juge, les interprète ou quand on fait de la projection. Dans ce cas, l'autre n'a pas de place. Je crois, et je l'ai déjà écrit, que le vécu d'un être humain est une des rares choses au monde qui soit incontestable. Quand une personne a de la peine ou vit de l'ennui, de la non-confiance, de la jalousie, de la pitié, de l'amour, ou de la joie, c'est sa vérité à elle. C'est toujours le malaise qu'on vit par rapport aux émotions des autres et aux siennes qui fait de chacun de nous un contrôleur ou un envahisseur par réaction défensive.

Est-il possible de faire disparaître cette attitude défensive? La réaction défensive étant inconsciente, il est bien évident qu'elle est incontrôlable dans bien des cas. Toute relation est d'ailleurs faite de moments où la communication est perturbée par l'attitude défensive et de moments où elle est favorisée par l'expression de soi. Je suis consciente du fait que certaines personnes connaissent très peu la communication authentique parce qu'elles sont presque toujours coupées de leur propre monde émotionnel par le refoulement ou la rationalisation. Ces personnes ne ressentent pas la souffrance due au manque de relation à cause de leur réaction défensive; elles ne sont pas vraiment conscientes de ce qui se passe en elles.

Pour en arriver à connaître de plus en plus le bonheur de la relation authentique, il ne s'agit toutefois pas de traquer ses attitudes défensives. On n'y arrivera probablement jamais. Le travail consiste plutôt à se connaître pour développer la capacité de prendre conscience le plus rapidement possible de ses réactions défensives, de façon à assumer sa responsabilité dans la relation, à sentir l'émotion cachée derrière le mécanisme de défense et à rétablir ainsi la communication.

C'est l'émotion non vécue et non exprimée qui cause les problèmes relationnels et c'est l'émotion vécue et exprimée qui les règle. Voilà pourquoi il est si important d'entendre les peurs qui vivent à l'intérieur de soi, sans les grossir ni les banaliser, afin de garder vivante la communication dont on a tant besoin pour assurer son équilibre. Et s'il est une peur qui perturbe sérieusement la relation, c'est bien la peur du conflit.

8. la peur du conflit

Il existe une introjection profondément ancrée dans le psychisme des gens, celle de croire qu'une relation affective saine est une relation sans conflits, une relation où personne n'élève le ton, une relation exempte d'altercations. Pour plusieurs personnes une dispute entre amis est synonyme de problèmes relationnels sérieux. Et comme la colère est un péché capital, il est bien évident que, pour les judéo-chrétiens, il n'est pas acceptable d'exprimer à l'autre cette émotion réprouvée, d'autant plus qu'elle est souvent la cause de conflits.

Il existe effectivement un lien entre la peur de la colère et la peur du conflit. À cause de l'éducation reçue, nous sommes profondément marqués par cette sorte d'interdit moral qui entoure la colère. Les conséquences en sont très graves sur le plan relationnel et social. Chaque fois qu'une personne exprime sa colère, elle est jugée, voire rejetée, ce qui provoque automatiquement en elle une culpabilité intense qui la pousse à se condamner et à se rejeter elle-même. Ce jugement moral porté sur cette émotion, la colère, exerce un impact négatif puissant dans la relation affective, surtout quand l'un des partenaires de la relation réussit à toujours refouler ses pulsions colériques. C'était d'ailleurs le cas dans l'histoire de Charlotte et Réal.

Réal était un homme sensible et vulnérable. Il avait grandi avec un père colérique et avait appris à se donner le droit de vivre ses colères. Charlotte, par contre, était convaincue qu'exprimer sa colère était un grave défaut et que son mari avait un problème psychologique sérieux. Elle le jugeait donc sévèrement quand il vivait cette émotion et elle lui opposait une indifférence feinte, une froideur empruntée, un calme faux, un rationalisme étroit, enfin, une morale sévère. Elle était convaincue qu'elle adoptait l'attitude correcte et que son partenaire était dans l'erreur. Cette conviction la plaçait dans une position de supériorité et de pouvoir sur l'autre et rendait la communication impossible. Non seulement Charlotte se considérait-elle supérieure et s'arrogeait-elle un pouvoir sur Réal, mais elle n'était pas authentique. Coupée totalement de son vécu devant les colères de son mari, elle adoptait une attitude très défensive et totalement fausse. Elle affichait alors un personnage calme et indifférent alors que, au fond d'elle-même, bouillonnait un monde d'émotions intenses auxquelles elle ne laissait aucune place par peur de sa propre colère et du conflit.

Il n'y avait en effet jamais de conflit entre Charlotte et Réal. Les colères de ce dernier se heurtant à un mur de fausse indifférence, elles avortaient toujours dans un sentiment de culpabilité insupportable. Chacun se retrouvait seul, sans relation, l'un avec le pouvoir de celui qui est convaincu d'avoir raison et l'autre avec le sentiment toujours plus grand d'être fautif, inférieur, voire méchant. Il n'y avait pas de conflits dans leur relation parce qu'il n'y avait pas de relation. Ils avaient créé un système qui entretenait l'absence de communication. L'indifférence feinte de Charlotte provoquait et stimulait les colères et la culpabilité de Réal, ce qui entretenait le «personnage» de Charlotte, son attitude de pouvoir et son sentiment de supériorité. Le conflit était évité mais à quel prix!

La peur du conflit dans une relation entraîne des conséquences graves. Elle prive les partenaires de relation et de communication authentique parce que, pour éviter les altercations, ils ne sont plus eux-mêmes. Il est des cas où chacun des partenaires vit un «personnage» parce qu'aucun n'exprime ses émotions désagréables et quand ils se permettent de les exprimer, ils ne donnent pas le droit à l'autre de réagir.

Une étudiante me disait un jour: «J'ai exprimé mon vécu à mon frère et ça l'a dérangé. Il s'est d'abord choqué, on s'est disputés puis il s'est mis à pleurer. Je lui ai dit qu'il n'avait aucune raison d'être en colère ou peiné. Il n'a pas compris. Il m'a rejetée. J'aurais dû ne pas parler». En fait, cette femme voulait s'exprimer sans donner le droit à l'autre de réagir et de s'exprimer à son tour. Elle se donnait enfin la possibilité d'exprimer ce qu'elle vivait depuis longtemps par rapport à son frère tout en n'acceptant pas qu'il fasse de même. Dans une relation, quand on s'exprime, il est important d'accepter que l'autre réagisse si on veut communiquer. Autrement ce ne serait pas un être humain. Il est possible que le fait d'exprimer sa colère, sa peine, sa frustration entraîne un conflit. Ce n'est jamais le conflit qui détruit la relation, mais l'incapacité à reconnaître ses erreurs et sa responsabilité après la dispute et la difficulté à rester en relation. Le conflit, au contraire, a pour effet de rapprocher les gens qui s'aiment quand les deux partenaires sont vrais, honnêtes, de bonne foi, responsables et qu'ils sont capables de tout se dire en acceptant et en écoutant la réaction émotive de l'autre, sans briser la relation.

Il est impossible de toujours éviter les conflits et de rester soi-même et en relation. Par la fuite du conflit, on s'écrase ou on rationalise ce qui a toujours un effet très négatif sur la communication, un effet destructeur et auto-destructeur. En effet, par peur de la colère de l'autre et de la sienne, par peur des sentiments négatifs qu'on vit ou qu'on ne veut pas entendre, on nie une partie de soi-même, ce qui peut produire deux conséquences possibles: ou bien on ne s'affirme pas dans la relation, ou bien on s'affirme défensivement par la rationalisation, une attitude de suffisance et de supériorité, un pouvoir moralisateur ou une colère défensive qui masque la peine et l'impuissance. Ces deux attitudes ont un effet destructeur et auto-destructeur. On les retrouve d'ailleurs dans le pattern bourreau-victime.

E. Le pattern bourreau-victime

J'ai beaucoup parlé des patterns dans mon premier livre; je ne veux pas répéter ici ce qui a déjà été écrit, mais plutôt montrer jusqu'à quel point ils nuisent à la relation et en font, à plus ou moins long terme, un lieu de souffrance et la rendent dans bien des cas insupportable et ce, spécialement dans le cas d'une relation où l'on retrouve un pattern bourreau-victime. Je vais d'abord définir le pattern pour ensuite montrer comment ce modèle particulier prive les amoureux, les amis, les parents et les enfants, les personnes en position d'autorité et leurs employés, leurs élèves, leurs clients d'une relation satisfaisante.

Le pattern est «un processus psychique itératif inconscient qui porte la personne humaine à adopter un mode de comportement répétitif dans ses relations avec les autres et qui la pousse plus particulièrement dans ses relations affectives et amoureuses, vers des personnes qui ont toutes le même modèle de fonctionnement psychique, le même type de problèmes psychologiques et avec lesquelles elle aboutit toujours aux mêmes insatisfactions» *(Relation d'aide et amour de soi, p. 198)*.

C'est ainsi qu'une victime va attirer un bourreau et un bourreau, une victime. Si je me fie à mon expérience professionnelle dans le domaine des relations de couple et des relations parents-enfants, je ne peux que constater la présence fréquente de ce pattern dans les relations affectives. Il résulte d'une attitude défensive répétitive et différente chez les deux personnes en relation derrière laquelle se trouve une souffrance non exprimée. Qu'est-ce qui caractérise alors chacun d'eux?

Le bourreau est celui qui, lorsqu'il se sent rejeté, abandonné, non important ou lorsqu'il a peur de perdre, réagit par l'agressivité, la colère, la domination, voire la violence. En fait, son attitude colérique ou dominatrice est défensive parce qu'elle cache des sentiments réels: la peur du rejet et de l'abandon, la peine de ne pas être reconnu par l'autre et l'impuissance. Le malheur veut que sa réaction défensive lui attire exactement ce qui lui fait peur: le rejet.

La victime est celle qui, de son côté, par peur du rejet, du conflit, de la colère, réagit défensivement par l'apitoiement, la plainte, la critique, le blâme, la coalition, l'écrasement et entretient ainsi la culpabilité et l'agressivité chez l'autre. Elle ne s'attire pas l'amour qu'elle recherche mais la pitié ou la domination agressive. Ce qui crée le pattern, c'est que chacun, par son fonctionnement défensif, nourrit le pattern de l'autre, la souffrance de l'autre, les mécanismes de défense de l'autre. On assiste alors à une réaction en chaîne qui risque de se poursuivre indéfiniment et qui, bien sûr, entraine une insatisfaction chronique à cause de l'incommunicabilité.

Revenons à la colère du bourreau. En réalité, il n'y a aucun problème à exprimer sa colère quand elle n'est pas basée sur une réaction de défense, bien au contraire. Dans le cas du bourreau, la colère est défensive parce qu'elle masque des sentiments réels: la peine, l'impuissance ou la culpabilité. On note, chez les bourreaux, une honte à se montrer vulnérables et sensibles qui les fait tomber dans des réactions n'ayant rien à voir avec ce qu'ils sont réellement: des êtres profondément blessés, hypersensibles et souffrants. Leur colère, c'est leur moyen de survie. Lorsqu'un bourreau découvre sa vraie nature, il s'effondre comme un oiseau blessé. Aborder un bourreau, c'est être capable de sentir la peine derrière la colère et d'y être attentif. Cet être-là a besoin de voir accueillie cette partie de lui qu'il rejette: sa vulnérabilité. Pour atteindre cette vulnérabilité, il est important de pouvoir réagir à sa colère, ce que la victime est incapable de faire. Le bourreau n'est menaçant que pour ceux qui en ont peur et qui s'écrasent. Ceux qui peuvent être à l'écoute de son agressivité défensive sans s'anéantir découvriront un être humain qui mérite d'être aimé autant que la victime.

Quand on regarde un couple bourreau-victime, l'attitude générale est de condamner le premier et d'appuyer la seconde. Voilà où se trouve le pouvoir subtil de la victime sur le bourreau: par ses plaintes, ses critiques, son attitude d'apitoiement, elle attire la sympathie des gens avec qui elle s'associe contre le bourreau, parce qu'elle a peur de lui et se sent menacée. Mais à cause de la façon irresponsable dont elle se protège de sa souffrance, elle exerce un pouvoir sur le bourreau et elle lui donne beaucoup de pouvoir en même temps. Elle puise le sien dans la critique et la coalition et lui laisse du pouvoir par son écrasement, ce qui crée une relation où les deux ne peuvent se rejoindre par la communication authentique, du moins quand ils fonctionnent selon ce pattern.

Il n'est pas toujours facile d'aider une victime à abandonner son système défensif parce que, dans la plupart des cas, on se laisse prendre par son apitoiement et ses plaintes. Certaines personnes se posent même en défenseurs de sa cause, ce qui a pour effet d'entretenir ce type de fonctionnement et l'absence de relation. La vraie souffrance d'une victime n'est pas surtout celle qui est déclenchée par la colère du bourreau, mais celle qui naît du manque de confiance en sa propre force intérieure, celle qui naît de son incapacité à vivre sa propre agressivité par peur non seulement de la réaction du bourreau, mais par peur du jugement et du rejet des autres. La victime a peur, consciemment ou non, d'être soumise au même traitement que celui qu'elle inflige au bourreau et qu'elle s'inflige à elle-même. Elle ne s'aime pas, ne se donne pas d'importance et se croit trop faible pour faire face à l'autre; c'est pourquoi elle cherche par ses plaintes à s'associer d'autres personnes qui feront à sa place ce qu'elle croit ne pas pouvoir faire elle-même.

Comment empêcher le pattern bourreau-victime de nuire à la relation et de perturber sérieusement la communication authentique?

Il s'agit d'abord pour les deux partenaires de vouloir améliorer leur relation et, partant, de reconnaître leur modèle de comportement puis d'admettre leur part de responsabilité respective dans leurs difficultés relationnelles en dépit des apparences. Autrement dit, l'un n'est pas plus mauvais que l'autre, puisque c'est par la répétition de leurs réactions défensives différentes qu'ils entretiennent le pattern. Tant que cette reconnaissance n'est pas faite, la possibilité d'améliorer la relation est exclue.

Il importe aussi que chacun accepte son fonctionnement sur le plan du vécu et des réactions défensives pour pouvoir reconnaître honnêtement ses erreurs chaque fois qu'il glisse dans le pattern. Chacun doit être motivé, s'il le faut, à travailler sur lui-même et même à se faire aider en psychothérapie individuelle ou en thérapie relationnelle par des spécialistes habilités à travailler la relation et les patterns.

Il est possible de rétablir une communication authentique quand on est prisonnier d'un pattern, non pas en essayant de l'éliminer mais en acceptant sa présence, le fait qu'il ait pu devenir un élément de survie à certains moments parce qu'il était le seul moyen connu de réagir. Malheureusement, à cause du pattern, la richesse de la relation est très souvent perdue par manque de communication. Le but du travail sur le pattern est d'apprendre à vivre avec son fonctionnement personnel sans perdre le pouvoir sur sa vie, sans exercer de pouvoir sur la vie des autres et, surtout, sans perdre la possibilité de communiquer authentiquement. On ne peut retrouver une relation vraie sans se remettre en question et sans faire un travail sur soi-même. Autrement, on risque de rester dans la frustration en se plaçant dans une position de pouvoir ou d'attente du moment où l'autre changera.

F. L'attente

La vie est faite d'attentes déçues. Je crois qu'il n'y a rien de plus frustrant et de plus annihilant que l'attente. L'attente c'est la passivité, l'envers de l'action. L'attente, c'est la perte de pouvoir sur soi. **L'attente, c'est la mort.** Certaines personnes passent leur temps à attendre: attendre l'autre, attendre qu'il change, attendre que des événements favorables arrivent, attendre que les astres leur soient bénéfiques, attendre que Dieu pose un regard attendri sur elles, attendre, attendre encore, attendre toujours. Dans une relation, cette attitude devient infernale pour celui qui attend parce qu'il est à la merci de l'autre, prisonnier de ses attentes. Et quand il se débat, c'est pour blâmer l'autre et lui reprocher de ne pas le satisfaire. Il a alors beau s'agiter, crier, menacer, il reste toujours un lion en cage qui a perdu la clé de l'univers de l'autre, à qui il donne le pouvoir de transformer ses propres malaises en bien-être.

La personne en attente ne pourra jamais trouver de relation affective satisfaisante parce qu'elle recherche un partenaire idéal, un ami idéal, une soeur idéale et parce qu'elle est en quête d'un idéal relationnel qu'elle ne réussit pas à atteindre par manque d'acceptation de la réalité.

Aucune relation satisfaisante n'est possible si elle n'est pas fondée sur la réalité et sur l'acceptation de cette réalité. L'autre est ce qu'il est et non ce qu'on voudrait qu'il soit. Et chacun est ce qu'il est et non ce qu'il voudrait être. C'est à partir de cette réalité qu'on entre en relation. Au cours de mon expérience professionnelle, j'ai rencontré beaucoup de couples dont la relation ne marchait pas parce qu'elle avait été fondée, au départ, sur l'attente d'un idéal qui n'avait rien à voir avec la réalité. Des hommes et des femmes ont épousé des partenaires jaloux, alcooliques, sans travail, avec la conviction qu'ils allaient changer l'autre par leur amour. Que de déceptions! Une telle relation est vouée à l'insatisfaction parce qu'elle n'est pas construite sur la réalité mais sur l'attente d'un idéal. Ce n'est pas l'autre qu'on aime mais ce qu'on veut qu'il devienne. Il n'est pas étonnant que l'amour ne réussisse pas à le changer. Il n'est pas aimé pour ce qu'il est mais pour ce qu'on voudrait qu'il soit. Ce faux amour conduit inévitablement au malheur et à l'échec.

Dans une relation affective, la communication authentique n'est possible que si deux personnes réelles se rencontrent, autrement elle n'a rien d'authentique. On ne peut vivre heureux avec un être qu'on n'accepte pas tel qu'il est. C'est impossible. On entretient l'illusion, l'attente, la déception, l'absence de communication. Comment peut-on communiquer avec un être imaginaire?

L'acceptation de la réalité donne du pouvoir et permet d'agir non pas en essayant de changer l'autre mais en travaillant sur soi, en se remettant soi-même en question pour trouver un moyen d'accepter cette réalité et pour être bien avec elle. Voilà où se produit le miracle de la transformation: quand on travaille sur soi, dans l'acceptation de la réalité, plutôt que de travailler sur l'autre, il y a toujours un changement bénéfique dans la relation.

Quand je parle d'accepter la réalité, je ne veux pas dire la subir et se résigner. Je veux plutôt dire que c'est en partant de cette réalité qu'on peut se construire, bâtir ses relations et évoluer sur les plans personnel, relationnel et professionnel. Le paradoxe est que la plupart des gens ont peur d'accepter la réalité par peur que plus rien ne change. C'est toujours le contraire qui se produit. C'est l'acceptation réelle qui est source de changement parce qu'elle permet de contrôler sa vie.

Un de mes beaux-frères est hémophile. Quand j'ai connu François, son frère avait environ 15 ans. Lorsqu'il vivait de fortes émotions ou qu'il était le moindrement blessé physiquement, il faisait des hémorragies internes qui duraient des jours et le faisaient atrocement souffrir. Comme ses jambes ont été fortement atteintes, elles sont devenues de plus en plus fragiles et de plus en plus faibles. Il a mis de nombreuses années à accepter son handicap. Jeune, il ne pouvait pas jouer comme les autres. Il devait toujours se protéger. Aujourd'hui, il a 45 ans. Il est comptable agréé, père de trois enfants. Il se déplace péniblement avec des béquilles et le plus souvent en chaise roulante. En dépit de sa souffrance physique et psychique qu'il ne peut nier, il est relativement heureux depuis qu'il a accepté son handicap. Cela lui a permis de se montrer tel qu'il est, d'accepter ses limites et d'accepter l'aide des autres sans se faire prendre en charge. Au lieu de se comporter en victime, il se construit sur les plans personnel, relationnel et professionnel **avec** sa maladie parce que c'est là sa réalité personnelle.

Les remèdes à l'attente sont d'abord l'acceptation de la réalité puis le travail sur soi-même pour composer avec cette réalité et s'en servir pour se construire plutôt que pour se détruire.

Il est fondamental, pour sortir de ses attentes et contrôler sa vie, de sortir de l'imaginaire stérile qui fait passer à côté de l'autre et de soi et empêche d'être en relation. Une grande partie de mon travail professionnel consiste à aider les gens à voir la réalité et à vivre avec elle pour grandir. C'est la seule façon d'avancer parce qu'elle assure une base solide.

Cette réalité peut faire souffrir et c'est précisément en écoutant cette souffrance, en lui donnant sa place, sans se plaindre ni s'apitoyer qu'il est possible d'identifier ses besoins. Et quand les besoins sont clairement établis, on peut sortir de l'attente, passer à l'action et apporter les transformations qui conviennent, en partant de soi et non de l'autre et en gardant le regard sur le réel. Cette attitude a toujours pour effet d'être constructive parce que, hors de la réalité, on ne peut établir de communication authentique. Elle met les êtres en relation et c'est par cette relation qu'ils avancent.

Je me souviens qu'à une certaine période, quand nous vivions à Paris, je n'étais pas satisfaite de la relation que mes enfants avaient entre eux. Ils se disputaient et adoptaient assez fréquemment une attitude de rejet. Ma première réaction fut de vouloir les changer en les blâmant et en leur ordonnant d'arrêter de se bagarrer, ce qui ne donna pas de résultats satisfaisants. Puis un soir, je me suis laissée aller à ma peine et j'ai essayé de voir ce que je pouvais changer moi-même plutôt que d'attendre un changement de leur part en voulant les faire agir autrement. Il ne m'a pas été facile de découvrir la réalité en ramenant mon regard sur moi, plutôt que de le tourner vers eux. J'ai vu que, depuis un certain temps, nous avions, François et moi, une vie relationnelle très cahoteuse. Nous nous disputions souvent de façon très irresponsable et nos enfants avaient été les témoins impuissants de querelles qui se multipliaient parce que nous ne reconnaissions pas nos erreurs. Ils avaient bien inconsciemment suivi notre exemple. J'ai compris ce soir-là que c'était ma relation avec François que je devais travailler au lieu d'essayer de changer les enfants. Je m'en suis sérieusement occupée. Un mois plus tard, tout était rétabli. Mes enfants se disputaient encore parfois, et nous aussi, mais ils arrivaient à se parler et à se respecter.

Sortir de l'attente, c'est voir sa responsabilité et s'en occuper au lieu d'attendre que l'autre s'en occupe. On est le seul responsable de ses malaises et le seul à détenir le pouvoir de changer quelque chose pour être plus heureux. Il est possible que mon ami soit généreux, disponible, attentionné, aimant, ce qui est une réalité agréable à voir et à vivre, mais il peut être aussi susceptible, colérique et avoir de la difficulté à montrer sa vulnérabilité. Inutile de le vouloir autrement et d'attendre qu'il ne soit plus agressif ni soupe au lait ou qu'il exprime ouvertement sa sensibilité. J'ai plutôt à voir comment composer avec cette réalité, en travaillant à l'aimer et à l'accepter tel qu'il est et en m'occupant de mes malaises et de mes besoins dans la relation. C'est la meilleure façon de ne pas tomber dans l'attente ou dans l'oubli de soi.

G. L'oubli de soi

Quand j'aborde le sujet de l'oubli de soi, je ne peux m'empêcher de penser à ma mère Jacqueline, de laquelle j'ai très peu parlé mais qui n'a pas été moins importante pour autant. C'est une femme qui a toujours été spontanée et impulsive, ce qui fait que, à 75 ans, elle est encore jeune, vivante, dynamique, libre et elle a gardé une certaine pureté d'enfant que je ne me lasse pas d'apprécier, voire d'admirer. Elle ose dire tout haut ce que d'autres pensent tout bas et ce, de façon tout à fait naturelle et inattendue. Son insolence désinvolte me surprend toujours en même temps qu'elle me fascine. C'est, à mon avis, une femme remarquable par sa marginalité. Lorsque j'étais enfant et adolescente, j'avais parfois honte de ma mère parce qu'elle n'était pas rangée et retenue comme la plupart des autres mères. De plus, son impulsivité m'insécurisait au plus haut point. Je ne savais jamais à l'avance ce qui m'attendait. Quand je lui demandais une permission, elle n'arrivait pas à s'engager par un oui ou un non et, si elle le faisait, elle pouvait facilement changer d'idée deux ou trois fois quand ce n'était pas plus souvent. Mais je suis sûre qu'elle n'était pas consciente de l'insécurité causée chez ses enfants et son mari par sa peur de l'engagement.

J'ai mis du temps à comprendre le fonctionnement de ma mère. Je n'ai découvert que beaucoup plus tard à quel point cette femme avait une peur viscérale de perdre sa liberté. Elle s'était battue toute sa vie pour son droit à être elle-même en dépit de ce qu'en pensaient les autres et elle avait toujours montré une ouverture exceptionnelle à toutes les différences. C'est elle qui m'a vraiment appris le sens de la liberté. Toutefois, j'avoue que je me suis longtemps demandé comment ma mère, avec sa soif de liberté, avait pu vivre toutes ces années avec le même homme et être si présente à ses enfants. J'ai un jour compris que sa générosité, sa disponibilité, son dévouement, son sens de l'altruisme et de l'oubli de soi l'avaient emporté sur ses besoins.

Jacqueline a vraiment consacré sa vie à son mari et surtout à ses enfants au point de s'oublier complètement elle-même. Autant elle avait besoin d'être elle-même, autant elle faisait presque toujours passer les besoins de ses enfants avant les siens. Avec nous, elle a toujours été très généreuse, ne comptant jamais son temps et ne tenant pas compte des limites de son corps.

Aujourd'hui, je vois combien j'ai eu de la chance d'avoir une mère comme la mienne. Chez nous, la porte était ouverte à tout le monde. J'ai toujours pu amener les amis que je voulais et faire autant de parties que je le désirais. Il n'y avait aucune limite à l'accueil de ma mère, un accueil dans la plus grande simplicité et dans l'acceptation totale des différences. Tous mes amis étaient reçus par elle sans jugement quels que soient leur classe sociale, leur style de vie, leur personnalité, leur orientation sexuelle. Ils avaient tous une place à la table familiale et une chambre pour dormir. Encore aujourd'hui, je sais que je peux arriver chez ma mère à n'importe quelle heure du jour ou de la nuit sans prévenir et y amener qui je veux: l'accueil sera toujours aussi chaleureux.

Si j'ai reçu de cette femme qui m'a donné la vie l'attitude d'ouverture aux différences, le sens de l'accueil, le grand besoin de liberté qui la caractérisent, j'ai aussi hérité de son «oubli de soi» qui a été pendant longtemps un obstacle à mes relations affectives. Je ne blâme en rien ma mère, loin de là. Je crois sincèrement qu'elle n'avait pas les moyens que j'ai aujourd'hui et qu'elle a su composer du mieux qu'elle a pu avec les moyens et les croyances de l'époque. Elle s'est même donné la liberté de laisser tomber certains principes religieux, ce qui a allégé considérablement son rôle d'éducatrice auprès de ses enfants.

Mais dans le domaine relationnel, l'altruisme de ma mère a eu des conséquences importantes pour moi. Avec elle, j'ai appris par une influence inconsciente, à m'occuper des besoins, des désirs et des souffrances des autres et à oublier les miens, ce qui fait qu'il a été difficile pour moi, pendant de longues années, de prendre ma place dans une relation, de me donner de l'importance. L'autre était toujours plus important que moi, il avait toujours des besoins plus pressants que les miens, sa souffrance était toujours plus grande que la mienne, il fallait donc que je m'en occupe et que je m'oublie. Plus je m'en occupais, moins j'existais et plus mon sentiment d'infériorité était entretenu. J'en étais arrivée à croire que je n'en valais pas la peine et qu'il fallait que je m'oublie pour me centrer sur les autres. C'est précisément dans cet altruisme que je puisais mon importance. J'existais plus par l'attention que je portais aux autres et par les tâches que j'accomplissais que par ce que j'étais. Je ne me donnais pas le droit d'avoir des besoins, encore moins de les exprimer.

L'oubli de soi est vraiment un obstacle à la communication authentique parce que, dans une relation affective, on peut vivre à côté de l'autre si on s'occupe uniquement de ses besoins sans vivre avec lui, sans vraiment le rencontrer. La vraie relation nécessite le partage entre deux personnes différentes qui ont toutes les deux des besoins à satisfaire. On ne peut rencontrer l'autre si on cherche constamment à le satisfaire sans s'occuper de soi, pas plus qu'on ne peut le rencontrer si on ne s'occupe que de soi. L'oubli de soi et l'égocentrisme entraînent toujours la souffrance du manque parce qu'il est impossible d'être en relation et de se nourrir de cette relation quand on se nie ou quand on ne pense qu'à soi.

Si, par exemple, Pierre s'oublie pour ne se préoccuper que des besoins de Jeannine, il n'y a pas de relation, donc pas de communication parce que Pierre n'existe plus dans cette relation. Par contre, si Jeannine ne se centre que sur elle-même, il n'existe pas non plus de relation parce que Pierre n'existe pas pour elle. Dans les deux cas, le vide relationnel est causé par la non-existence d'un des deux partenaires. Ce vide ne fait que s'accentuer parce qu'il n'est jamais comblé étant donné que ne peut s'établir une communication authentique entre une personne qui se nie et une autre qui ne pense qu'à elle.

Pour être en relation, il est fondamental de s'occuper de ses besoins tout en tenant compte des besoins de l'autre. Le danger pour celui qui a tendance à s'oublier est d'attendre que l'autre devine et satisfasse ses besoins. Comme je l'ai déjà écrit, personne d'autre que soi-même n'est responsable de ses besoins. C'est pourquoi, dans la relation, il est important de se donner de la place sans pour autant négliger l'autre. Le second danger est de verser dans l'excès contraire: «J'ai passé ma vie à penser aux autres, me disait un jour une étudiante, maintenant je ne m'occupe que de moi.» Elle était d'ailleurs surprise que ses relations ne soient pas plus satisfaisantes.

Comment alors s'occuper de soi tout en tenant compte de l'autre?

J'ai reçu en consultation un couple qui éprouvait de sérieux problèmes de communication. Ils avouaient tous les deux un grand besoin de l'autre tout en s'en défendant par souci d'autonomie. Pour eux, être autonome signifiait être en mesure de se débrouiller tout seul et ne pas avoir besoin des autres. Voilà une conception de l'autonomie qui ne peut que conduire à l'échec de la relation parce qu'elle ne tient pas compte de la nature même de l'être humain. Par essence, l'homme a besoin des autres. Nier ses besoins c'est soit s'oublier, soit se défendre par des croyances contre nature. On ne peut être vraiment autonome sans accepter ses besoins d'être aimé, reconnu, entendu, sécurisé. C'est précisément en s'occupant de ces besoins qu'on devient autonome. Si on entretient par introjection l'idée que le fait d'être autonome c'est pouvoir se passer des autres, on entretient le manque et le vide affectif. Et ce manque non accepté et non exprimé rend psychiquement dépendant parce qu'il entretient des besoins jamais satisfaits. La relation affective est alors faite de doubles messages, celui de l'action et de la tête qui dit: «Je n'ai pas besoin de toi» et celui du coeur et du non-verbal qui dit: «J'ai tellement besoin de ton amour.»

Voilà pourquoi Yves et Lucille n'arrivaient jamais à se rejoindre. Ils avaient besoin l'un de l'autre mais n'acceptaient pas ce besoin et, lorsque l'un des deux faisait une demande, l'autre se sentait menacé dans son autonomie et sa liberté. Ils étaient vraiment ligotés dans un noeud relationnel qu'ils n'arrivaient pas à défaire. C'est en travaillant à partir d'une situation précise qu'ils ont pu saisir leur processus et commencer à s'écouter. Lucille travaillait presque tous les soirs de quatre heures à minuit comme infirmière dans un hôpital. Le choix de cet horaire lui convenait parfaitement parce qu'elle pouvait passer une grande partie de sa journée avec les enfants et parce qu'elle n'avait pas besoin de gardienne. Yves, qui terminait son travail d'enseignant à l'élémentaire vers trois heures, arrivait juste à temps pour la remplacer. Si Lucille et les enfants jouissaient de ce fonctionnement, il n'en était pas de même pour Yves à qui manquait la présence de son épouse. Lorsqu'il exprima le besoin de sa présence, de son écoute, de son attention, de son amour, elle le rejeta et lui reprocha son manque d'autonomie. Lucille aimait beaucoup, après sa journée à la maison avec les enfants, aller à son travail, rencontrer ses collègues et se sentir utile d'une autre façon. Elle vivait son travail comme une source d'équilibre, une libération des tâches d'éducation et des tâches ménagères. Elle considérait d'ailleurs que le partage de ces tâches avec Yves était juste et équitable. En fait, chaque fois qu'il lui parlait de ses besoins, elle ne l'écoutait pas, elle ne l'accueillait pas et elle versait immédiatement dans la justification et l'accusation. Elle ne voulait pas, comme sa mère, se nier, se sacrifier pour son mari et elle était bien décidée à se battre pour garder son autonomie et faire ce qu'elle voulait. Tant que Yves s'était oublié pour répondre aux besoins de Lucille, tout s'était bien déroulé dans leur relation, mais depuis qu'il osait exister un peu, le bateau voguait sur une mer houleuse.

Il est bien évident que Yves et Lucille ne pouvaient communiquer et être en relation. Ils vivaient côte à côte sans vraiment se rencontrer parce que l'une était égocentrique et l'autre n'existait pas dans la relation. Il avait été, du moins pendant de longues années, le parfait modèle de l'oubli de soi, de celui qui s'efface devant l'autre et, depuis qu'il voulait exister, il faisait face à un obstacle de taille: l'égocentrisme d'une femme à qui il avait toujours cédé pour lui faire plaisir, pour ne pas la perdre et surtout pour éviter tout conflit. Il avait donc beaucoup de travail à faire sur lui-même pour apprendre à s'affirmer.

Le cas du couple bourreau-victime ressemble à celui du couple égocentrique-altruiste en ce sens que les premiers attirent le blâme et le rejet alors que les seconds attirent la protection, l'appui, le support. Il est, à mon avis, impossible d'aider les personnes qui sont enfermées dans ces patterns relationnels en accusant les uns et en protégeant les autres. L'altruiste a un grand travail à faire pour exister dans la relation et le travail est d'autant plus difficile qu'il a à faire face à un partenaire qui s'affirme et à qui il a toujours laissé toute la place au détriment de la sienne.

Lorsque Yves a exprimé à Lucille son besoin d'elle et la souffrance de son manque, elle a mis beaucoup de temps à l'accueillir. Elle a mis du temps à comprendre qu'elle avait choisi de s'engager dans une relation affective avec un homme. Si elle faisait tout ce qu'elle voulait sans tenir compte de lui, il n'y avait pas de relation. Tenir compte de ses besoins, c'est leur donner de la place dans la relation, les affirmer. Mais tenir compte des besoins de l'autre, c'est être sincèrement sensible à la souffrance de l'autre et tenter ensemble, sans se fondre l'un dans l'autre, de trouver un terrain de rencontre où chacun a sa place, où chacun fait son bout de chemin. Si l'on ne peut répondre à certains besoins de l'autre parce que ce serait nier quelque chose de fondamental pour soi, on peut quand même rester présent à l'autre et sensible à son manque tout en gardant une attitude d'ouverture pour satisfaire d'autres besoins. Cette attitude d'écoute et d'ouverture maintient la relation parce qu'il y a communication authentique.

Oublier l'autre, c'est nier son existence et s'oublier c'est nier la sienne. En fait chacun est responsable de satisfaire ses besoins dans le respect des différences et ce respect est possible quand on ne glisse pas dans la comparaison.

H. La comparaison

La comparaison perturbe la communication parce qu'elle nie la différence et entraîne la dévalorisation et la performance. Dans une relation, elle se manifeste de deux façons: ou bien la personne qui se compare veut être comme l'autre, ou bien elle s'attend à ce que l'autre soit comme elle, réagisse comme elle. Aucune des deux personnes n'existant dans sa différence, la communication authentique devient impossible.

Que se passe-t-il dans une relation quand une personne veut être comme l'autre? C'est souvent le cas de ceux qui ont un complexe d'infériorité et qui cherchent à se valoriser, à se donner de l'importance aux yeux des autres. Ces personnes veulent être comme celles qu'elles choisissent comme modèles parce qu'elles les admirent. Ainsi, en voulant être comme la personne qu'on admire: le père, la mère, le professeur, le partenaire amoureux, l'ami, on risque de se perdre dans l'autre et de se valoriser en essayant d'être comme l'autre plutôt que d'être soi-même. Quand on agit ainsi, on n'existe pas dans sa différence et on ne reconnaît pas la différence de l'autre. Une telle relation est source de souffrance et vouée à l'échec puisque la personne qui se compare n'essaie pas d'être elle-même, mais d'être comme l'autre en empruntant ce qui la caractérise. L'autre vit un malaise conscient ou inconscient: elle risque de perdre, dans cette relation particulière, son identité et sa personnalité.

Le problème se situe ici dans la comparasion défensive. Dans ce cas, le vécu n'est pas exprimé. En effet, au lieu de dire son besoin d'être reconnue, son sentiment d'infériorité et sa peur de ne pas être importante, la personne se compare à une autre et essaie d'être comme elle pour ne pas se sentir inférieure et pour être reconnue. Elle obtient ainsi le contraire de ce qu'elle recherche, c'est-à-dire non pas la reconnaissance mais le rejet.

En tant que formatrice, thérapeute en relation d'aide et enseignante, j'ai eu l'occasion de voir de nombreuses personnes me choisir comme modèle. Ce phénomène normal, qui consiste à passer par l'identification à des modèles pour trouver sa vraie nature et découvrir ses possibilités latentes ainsi que ses forces intérieures, ne sert qu'à propulser la personne vers sa réalisation la plus totale. J'y reviendrai d'ailleurs de façon plus appronfondie dans un autre chapitre. Ce n'est donc pas l'identification qui cause un problème dans la relation, mais l'identification défensive qui s'exprime par la comparaison. Dans le premier cas, la personne qui s'identifie est capable de reconnaître ouvertement l'autre avec ses forces, ses talents, ses réalisations, ses différences sans se sentir menacée et sans perdre son identité en essayant de la copier et en se montrant semblable pour se donner de l'importance. Autrement dit, elle n'essaie pas de «faire» comme l'autre ni d'«être» comme l'autre puisque l'autre, par le regard admirateur qui est porté sur lui, devient déclencheur d'un désir profond de s'actualiser au maximum tout en restant soi-même.

Quand, au contraire, l'identification est défensive, la relation n'existe plus puisque le modèle devient quelqu'un à imiter et à dépasser. Ce même problème de comparaison se pose dans les cas de complexe de rivalité fraternelle. Pour être aimée du père, de la mère ou du professeur, la personne affectée par ce complexe se comparera aux autres et essaiera de prouver sa supériorité au lieu d'exprimer sa jalousie, sa peur de ne pas être aimée, son besoin d'être reconnue.

Le phénomène de la comparaison risque d'être vraiment nuisible à la relation et à la communication. Il se produit aussi quand, dans une relation, une personne voudrait que l'autre soit comme elle. Le même déclencheur, la même situation peuvent provoquer des vécus différents chez des personnes différentes à cause des diversités psychiques. Comparer les réactions, reprocher à l'autre de ne pas réagir comme on réagit soi-même, le blâmer de ne pas vivre les choses de la même façon que soi, de ne pas avoir les mêmes limites, les mêmes besoins aux mêmes moments, c'est nier l'autre dans sa différence et par le fait même couper ou empêcher la communication.

J'ai vécu ce problème assez longtemps dans ma relation de couple. Je n'acceptais pas que François ne réagisse pas de la même façon que moi devant certaines personnes ou en certaines situations. J'aurais voulu qu'il vive du doute quand je vivais du doute, qu'il soit blessé quand j'étais blessée. En fait, j'attirais la prise en charge qui m'empêchait aussi de me sentir bien. J'ai appris par le travail sur moi que le respect du vécu de chacun nous rapprochait et favorisait la communication parce que nous ne nous perdions pas dans le vécu de l'autre et parce que chacun restait fidèle au sien.

Le même phénomène se produit avec l'établissement des limites. Il est possible qu'un autre fixe une limite différente de la mienne. Dans une école, par exemple, les professeurs n'ont pas nécessairement tous les mêmes limites. Au début de ma relation avec François, ce problème s'est posé à plusieurs reprises. En voici un exemple précis. J'avais une exigence claire à propos des retards. Il était essentiel pour moi que François me téléphone s'il prévoyait être en retard. Je me souviens que, au cours des premières années de notre relation, j'étais toujours en colère quand il n'arrivait pas à l'heure prévue et je me sentais coupable quand il me disait: «Moi je n'exige pas de toi que tu me préviennes de tes retards». J'ai compris un jour que, à ce sujet, je n'avais pas la même limite que lui parce que je n'avais pas la même histoire de vie. Je suis profondément marquée par une peur viscérale des accidents. À l'âge de sept ans, j'ai été témoin d'un accident grave: en traversant la rue, ma soeur de quatre ans s'est fait frapper par une automobile et a été si gravement blessée qu'elle a mis des semaines à s'en remettre. Encore aujourd'hui les images atroces de cet événement me bouleversent. De plus, j'ai perdu un frère qui a été, lui aussi, victime d'un accident. Il revenait de l'école à bicyclette, une voiture l'a heurté et il est mort sur le coup. Il avait presque quatorze ans. J'en avais quinze. Aujourd'hui quand j'écris sur ces sujets qui ont marqué ma vie, j'ai encore mal. Je ne peux pas effacer ces expériences, encore moins nier la peur qu'elles ont laissée en moi, mais je peux m'occuper de cette peur de perdre un être cher en faisant des demandes claires et en posant des limites précises. À ce sujet, François n'a pas connu les mêmes expériences que moi, il n'a donc pas la même sensibilité à ce genre de choses, il n'éprouve pas les mêmes peurs, il n'a donc pas à se protéger de la même manière. Aujourd'hui, le problème de la différence des limites ne se pose plus dans notre relation parce que nous avons compris que nous ne portions pas la même charge émotionnelle devant les mêmes déclencheurs.

Il est absolument impossible de comparer les vécus de personnes différentes parce qu'ils ne peuvent tout simplement pas l'être. Le vécu résulte d'un état psychique porteur d'affects déclenchés par des événements qui distinguent l'histoire psychique de l'un de l'histoire psychique de l'autre. Ma relation avec François s'est transformée quand nous avons compris et accepté cette réalité: nous sommes différents et nous ne vivons pas les choses de la même manière. On ne peut pas communiquer authentiquement sans tenir compte de cette réalité. Je crois profondément que ce qui distingue les êtres, ce n'est pas surtout ce qu'on voit, mais ce qu'on ne voit pas, c'est-à-dire leur vécu, leur état psychique, leur expérience de vie. Comparer les hommes entre eux, uniquement à partir de critères extérieurs tels leurs diplômes, leur profession, leur apparence, leur avoir, c'est fausser la réalité et réduire la valeur d'une personne à ce qu'elle fait et à ce qu'elle possède. «L'essentiel est invisible pour les yeux», disait le Petit Prince de St-Exupéry. Cette phrase si galvaudée a malheureusement perdu son sens; ce qui fait la valeur d'un homme c'est bien ce qu'il est. Voilà ce qui le rend unique et incomparable. Et quand deux personnes entrent en relation, ce n'est pas des diplômes qui se rencontrent ni des professions, mais des êtres humains, riches d'expériences de toutes sortes qui ont contribué à construire leur âme, leur monde intérieur, leur attitude, leur vie psychique.

Un neveu me disait un jour: «Je n'aime pas les réunions de famille, j'ai toujours l'impression de ne pas être important. On me demande comment vont mes études, ce que je veux faire dans la vie, mais personne ne s'intéresse à ce que je suis vraiment.» On apprend ainsi aux jeunes à exister en fonction de ce qu'ils feront comme métier ou comme profession, sans vraiment s'occuper de ce qu'ils sont comme personnes, de ce qu'ils vivent. Et on est surpris alors que la relation avec eux ne soit pas satisfaisante. Bien sûr, il n'est pas négligeable de se réaliser sur le plan professionnel, bien au contraire; mais si on apprend à n'exister que de cette façon, on aura toujours le sentiment que la valeur tient à la profession et aux diplômes et non à la personne qui les détient. Je crois sincèrement que la valeur d'une personne vient de ce qu'elle est, de son expérience de vie, de sa capacité à être elle-même et à utiliser sa souffrance et son potentiel pour se construire et pour être en relation. C'est en cela qu'elle est incomparable et c'est en cela qu'elle peut grandir parce que la qualité d'un être et son expérience de vie ne se mesurent pas, ne se voient pas, ne se comparent pas. Dans la comparaison, on perd ce qu'il y a d'unique en chacun et, par le fait même, on perd toute possibilité de relation authentique. La même situation se produit à cause de la confluence.

I. La confluence

Le nombre de relations détériorées dans les familles ou dans les milieux de travail à cause de la confluence est tellement grand qu'il est très rare de rencontrer des gens qui sont conscients des perturbations relationnelles causées par ce sérieux obstacle à la communication authentique. La confluence est l'une des plus grandes causes de conflits, de dissensions, de luttes de pouvoir. Il s'agit d'un mécanisme de défense qui consiste à se perdre dans l'autre quand on vit un malaise tel l'impuissance, la peur, l'insécurité, le doute. Deux personnes sont confluentes lorsqu'elles se rejoignent pour ne former qu'une seule pensée, qu'une seule opinion, qu'une seule émotion. La confluence est une sorte de fusion de deux êtres en un seul. Chacun y perd son originalité, sa différence et il est impossible de distinguer ce qui appartient à l'un de ce qui appartient à l'autre. C'est la fusion et la confusion.

Comment se manifeste la confluence?

Pour répondre à cette question, j'apporterai l'exemple de Carole. Elle appartenait à une famille très unie, du moins c'est ce qu'elle croyait jusqu'au jour où un événement bouleversa les relations et divisa la famille en deux clans. Lors d'un souper familial, son frère aîné qui avait pris trop de vin s'est mis à ridiculiser et à critiquer l'un de ses collègues de travail qui était homosexuel. Carole, qui vivait une relation homosexuelle clandestine avec Suzanne depuis plus d'un an et qui n'avait jamais informé sa famille de son orientation sexuelle, s'est sentie attaquée par son frère Jules et s'est mise à défendre l'homosexualité au nom de la liberté et du respect des différences. Au cours de cette dispute, de nombreux obstacles pouvaient empêcher Carole et son frère de communiquer authentiquement: le non-dit de Carole sur sa vie personnelle, le jugement et la critique de Jules ainsi que le fait de tourner en ridicule l'homosexualité. Quoi qu'il en soit, cette altercation causa un profond malaise dans la famille. Plutôt que d'exprimer ce vécu désagréable, chacun est intervenu pour appuyer l'un ou l'autre des interlocuteurs, ce qui contribua à diviser la famille en deux clans. Chacun de ces clans était formé de personnes en confluence les unes avec les autres. Il n'était plus question de malaises distincts et de différences individuelles, mais de deux groupes qui s'attaquaient pour défendre des principes, des idées, pour avoir raison. Certains s'étaient joints à Carole, d'autres avaient choisi de défendre Jules, mais personne n'a exprimé ses peurs, ses doutes, son vécu dans cette histoire.

Qu'est-ce qui amène une personne à entrer en confluence avec une autre? On est en confluence quand la souffrance de l'autre rejoint la sienne. On fait alors des deux souffrances une seule; on se console, on s'appuie, on se défend contre le monde extérieur, on se fond l'un dans l'autre mais on n'est pas en relation et on ne peut communiquer parce qu'on n'est plus deux personnes différentes avec des vécus différents nés de déclencheurs semblables. Tout se confond en un seul noyau et la confusion règne. Tous ceux qui sont entrés en confluence avec Carole ont été émus par sa souffrance qui touchait la leur, mais plutôt que d'exprimer cette souffrance, ils ont adopté l'opinion de Carole et lui ont donné raison contre Jules.

Quand on est en confluence avec quelqu'un, les faits et les opinions prennent le dessus sur le vécu, ce qui conduit toujours à la dynamique du «avoir tort» versus «avoir raison». De plus, la confluence est aussi une forme de coalition, une façon de prendre parti pour quelqu'un. Ce phénomène est très dangereux lorsqu'il se produit en psychothérapie. Quand un thérapeute prend parti pour son client contre les personnes qui le font souffrir, il ne peut l'aider. Il entretient la confusion, la dépendance et le modèle de victime. Les mêmes conséquences se produisent quand une personne entre en confluence avec un ami, un parent, un enfant ou un conjoint. Ce type de relation est toujours voué à l'insatisfaction parce qu'il est bâti sur l'insécurité et le doute. En effet, une personne confluente n'étant ni autonome au sens où elle ne distingue pas ce qui lui appartient de ce qui appartient à l'autre, ni authentique au sens où elle est coupée des émotions qui l'habitent, il ne lui est jamais possible de voir sa différence, de percevoir sa personnalité réelle et il ne lui est jamais possible non plus de prévoir avec qui elle entrera en confluence. Avec ce type de personne, on peut être abandonné du jour au lendemain non pas à cause d'un départ ou d'une séparation, mais à cause d'un changement de cap psychique qui fait que la personne qui était en confluence avec nous sera en confluence avec un autre contre nous. Il est de plus très rare que la confluence ne soit pas accompagnée de manipulation. Les personnes confluentes cherchent constamment des appuis, c'est-à-dire des personnes qui prennent parti pour elles et elles le font par des moyens plus ou moins subtils tels la flatterie, la plainte, la critique. La plupart du temps, elles utilisent l'émotion pour amadouer l'autre et susciter sa confluence et si elles ne réussissent pas, elles risquent de devenir menaçantes et d'exercer un pouvoir indu.

Il est très difficile de faire confiance à une personne confluente et de rester soi-même avec elle. Inutile d'ajouter que la communication n'est jamais authentique puisque aucune place n'est laissée à la différence.

Réjean me parla un jour d'une expérience de confluence qui l'avait beaucoup fait souffrir. Il vivait, avec sa cousine Francine, une relation qui durait depuis leur adolescence et qui était vraiment extraordinaire. Devenus adultes, ils ne se voyaient pas souvent mais, chaque fois qu'ils se rencontraient, leur amitié était aussi vive qu'aux premiers jours. Réjean était attaché à Francine, aussi a-t-il souffert lorsqu'un événement transforma leur relation. Il marchait un jour sur la rue Mont-Royal à Montréal lorsque, par hasard, il la rencontra. Il était tellement heureux de la revoir! Cependant son élan vers elle fut vite arrêté par une attitude froide et des paroles pleines d'insinuations subtiles et désobligeantes. Tout s'est passé si vite qu'il n'a pas eu le temps de réagir, Francine étant déjà partie. Il s'est retrouvé avec un malaise profond qu'il a mis du temps à identifier. C'est en restant en contact avec cette souffrance que tout s'est éclairé. Son besoin d'être important pour Francine et d'être aimé d'elle n'avait pas été satisfait. Il restait avec un manque et une grande insécurité parce qu'il ne comprenait pas ce changement. C'est en parlant avec moi que les déclencheurs de sa souffrance se sont manifestés. Il s'est rappelé alors quelques paroles de Francine à propos de Jocelyne et André.

Lors de leur adolescence, Jocelyne, André, Francine et Réjean formaient un quatuor inséparable. Leur amitié a d'ailleurs duré de nombreuses années. Au cours de ces années, Jocelyne et Réjean ont connu un rapprochement tel qu'ils sont devenus amoureux l'un de l'autre. Leur idylle a duré deux ou trois ans et s'est terminée par beaucoup de souffrance pour Réjean parce que Jocelyne l'avait quitté. Elle était amoureuse d'André. Elle voulait garder une relation amicale avec Réjean qui lui, avait refusé, en disant qu'il ne voulait plus la revoir ni André. Se sentant rejetés, Jocelyne et André l'ont à leur tour rejeté et c'est sur cette querelle que leur dernière rencontre s'était terminée.

Quand les paroles de Francine lui sont remontées à la mémoire, il a compris qu'elle était en confluence avec eux. Il avait le sentiment d'avoir perdu trois grands amis et cela le rendait très malheureux. Il n'arrivait plus à faire confiance à Francine et ne savait plus trop comment s'occuper de sa souffrance.

On voit ici les ravages de la confluence dans la relation. On voit aussi jusqu'à quel point elle est perturbatrice de la communication parce que prendre parti amène à se fondre dans l'autre, plutôt que d'entendre sa souffrance et d'exprimer ce qu'elle nous fait vivre et en quoi elle touche à sa propre souffrance. Seule cette capacité à bien distinguer sa souffrance de celle de l'autre sans y oublier la sienne, permet de rester en relation et de ne pas devenir confluent. La seule façon de maintenir la communication authentique est de rester en contact avec son vécu tout en étant sensible au vécu de l'autre.

C'est avec la confluence que se termine le chapitre sur les obstacles à la communication authentique. Je ne prétends pas avoir dressé une liste exhaustive de tout ce qui peut nuire de près ou de loin à la communication, mais je sais toutefois, pour l'avoir observé dans mon travail d'enseignante, de thérapeute en relation d'aide et de formatrice de psychothérapeutes non directifs créateurs, que les obstacles développés ici sont ceux qui reviennent le plus souvent dans les difficultés relationnelles.

Le besoin d'être en relation est tellement grand qu'il n'est plus à démontrer. Tant dans les relations affectives que dans les milieux professionnels, le désir de communiquer est omniprésent. On cherche parfois des techniques de communication, des recettes pour faciliter l'échange, des trucs pour favoriser l'expression de son vécu. Ces moyens ne sont pas suffisants. La relation ne se réduit pas qu'à une technique parce qu'elle n'est pas qu'objective. Elle comporte aussi un monde de subjectivité et de mouvance fait d'émotions, de perceptions et de besoins qu'on ne peut négliger. Tenir compte de cette réalité, c'est accepter consciemment de faire face à des obstacles tels le non-dit, l'irresponsabilité, les patterns de toutes sortes, les mécanismes de défense non reconnus, les peurs, les attentes, l'égocentrisme, l'oubli de soi, la comparaison, la confluence et plusieurs autres.

L'important, comme on l'a vu dans ce chapitre, n'est pas d'éliminer l'obstacle, ce qui serait un objectif utopique puisque nous ne sommes ni parfaits ni désincarnés, mais de l'accepter et de composer avec lui. L'acceptation des écueils est vraiment l'étape fondamentale du processus de rapprochement. C'est par l'accueil de ses mécanismes de défense, de son irresponsabilité, de ses attentes, de ses peurs qu'on peut ressentir les émotions et les besoins qui rapprochent tant des autres, parce que ce sont eux qui rendent la communication authentique.

Je démontrerai au chapitre suivant les étapes à parcourir pour apprendre à communiquer authentiquement, pour rendre la communication encore plus satisfaisante.

CHAPITRE 7

L'APPRENTISSAGE DE LA COMMUNICATION AUTHENTIQUE

L'apprentissage de la communication authentique concerne spécialement les deux derniers niveaux de la communication. Comme cet apprentissage ne relève pas de la technique mais de la psychologie, on ne peut le structurer autour d'habiletés à acquérir. Il s'agit d'un apprentissage beaucoup plus subtil dont l'intégration passe davantage par un travail psychique individuel et relationnel que par des méthodes et des exercices techniques que tout le monde peut appliquer. Il s'agit d'un travail qui se fonde sur la personne elle-même, sur sa différence, sur ses modes privilégiés et uniques de fonctionnement, sur ses propres processus relationnels. Autrement dit, on n'apprend pas à communiquer à partir d'une série de règles et de techniques théoriques et générales mais à partir de soi, de ce qui constitue son essence et son identité.

Dans ce chapitre, je ne propose donc pas de techniques d'apprentissage de la communication authentique, mais plutôt un processus de transformation qui tient compte des différences individuelles et des rythmes particuliers d'intégration. Ce processus, développé dans *Relation d'aide et amour de soi* passe d'abord par la prise de conscience ou la connaissance de soi pour se poursuivre par l'acceptation, l'expression, la responsabilité, l'intégration, l'autocréation et la création.

Comme l'homme est un être de mouvance, ces étapes ne sont jamais franchies une fois pour toutes. On peut les franchir par rapport à un aspect de sa personnalité alors que d'autres restent dans l'ombre. C'est un cheminement progressif qui demande du temps et de la détermination.

Il est essentiellement fondé sur la relation avec soi et avec les autres et sur la liberté intérieure parce qu'il a pour but de donner à chacun le pouvoir sur sa vie dans le respect de soi et des autres. Pour l'approfondir, je commencerai par la prise de conscience.

A. La prise de conscience

J'accorde une très grande importance à la conscience de soi dans l'apprentissage de la communication authentique. Je suis profondément convaincue que plus on est conscient, dans le présent de la relation, de ses émotions, de ses complexes, de ses mécanismes de défense, de ses patterns, de son fonctionnement psychique, plus on a de pouvoir pour prévenir ou dénouer les conflits relationnels parce qu'on a plus de facilité à communiquer (voir *Relation d'aide et amour de soi*). Cet apprentissage ne se fait pas sans écoute de soi. On ne peut pas laisser aller ses émotions sans en prendre conscience, autrement on les déverse dans une mer qui risque d'entraîner l'émetteur à la dérive. La conscience de soi ne brime pas le monde intérieur, au contraire, elle le cerne, le conçoit, lui donne un sens et un visage. C'est pourquoi le thérapeute en relation d'aide apprend, au cours d'une formation de plus de 1200 heures, dans un premier temps, à accueillir l'émotion de l'aidé sans l'amplifier ni la banaliser et, dans un deuxième temps, à l'aider à prendre conscience de son fonctionnement intérieur de façon à ce qu'il ne parte pas seulement soulagé par une libération émotionnelle, mais avec une plus grande connaissance de lui-même, acquise par la conscience de ce qui se passe en lui au moment même de la rencontre thérapeutique.

La prise de conscience permet de mettre de l'ordre dans la confusion de son monde irrationnel sans le contrôler et sans l'empêcher d'exister ou de se manifester. Elle donne tout simplement un nom et une forme à un monde immatériel qui n'en est pas moins réel.

Apprendre à communiquer authentiquement, c'est d'abord apprendre à se connaître le plus possible par un travail sur soi basé sur l'harmonisation des facultés rationnelles et irrationnelles, par un travail qui permet de découvrir, par exemple, que chaque fois qu'on est face à une personne qu'on admire, on perd confiance en soi, on se sent inférieur et on a peur de prendre sa propre place. Il ne suffit pas, bien sûr, de prendre conscience de son fonctionnement psychique pour régler tous ses problèmes de communication. La connaissance de soi n'est qu'un premier pas; elle n'est jamais complète ni définitive, mais elle permet de comprendre ses réactions, de saisir ses erreurs et de s'améliorer. Voilà pourquoi elle est si importante à condition que suive l'acceptation, l'étape suivante.

B. L'acceptation

L'acceptation est l'étape la plus longue et la plus difficile à traverser au cours de l'apprentissage de la communication authentique, comme dans tout cheminement personnel d'ailleurs. Accepter, par exemple, le complexe d'infériorité, les émotions de jalousie, le pattern de victime ou de bourreau, accepter qu'on se défend en ayant recours à la supériorité ou au mensonge n'est pas chose évidente parce que, par l'introjection, par son éducation, on a assimilé que certaines émotions ou certains mécanismes n'étaient pas acceptables. On a donc honte de ces parties de soi-même et on a peur de les montrer parce qu'on est convaincu qu'elles attireront le rejet, le jugement, l'humiliation, le ridicule ou le blâme. Je ne dis pas que ces peurs ne soient jamais fondées et qu'il ne faille pas se protéger; cela n'est pas de l'ordre de l'acceptation mais de l'ordre de l'expérience.

Qu'arrive-t-il quand, dans une relation affective, il n'y a pas d'acceptation de soi? L'un ou l'autre des partenaires manifestera une tendance très forte à cacher des parties de lui-même qu'il a honte de faire voir à l'autre, attitude qui rendra la communication moins authentique.

Je me souviens d'un couple que j'ai reçu en thérapie il y a quelques années. Ils étaient très attachés l'un à l'autre, mais leur relation était marquée par une incommunicabilité qui les faisait beaucoup souffrir tous les deux. Je les ai d'abord rencontrés ensemble et je me suis rendu compte que j'avais besoin de les rencontrer individuellement avant de poursuivre la thérapie relationnelle. Ces rencontres m'ont permis de constater qu'ils avaient tous les deux tellement honte de leur vécu et de leurs besoins qu'ils étaient incapables de les exprimer à l'autre. Françoise vivait beaucoup de jalousie par rapport à toutes ces femmes qu'Étienne rencontrait tous les jours dans son salon de coiffure, mais elle faisait semblant, quand elle se retrouvait avec lui, d'être complètement indifférente à cette situation parce qu'elle se jugeait anormale et parce qu'elle se sentait coupable face à son mari. De plus, elle ne voulait surtout pas le déranger et le rendre mal à l'aise dans son métier de coiffeur, qu'il adorait. Elle se sentait inférieure à lui, elle avait peur qu'il ne la trouve pas désirable et surtout peur qu'il décide un jour de l'abandonner parce qu'elle n'était pas assez intéressante.

Toutes ces émotions qui l'habitaient étaient inacceptables pour elle; aussi prenait-elle avec cet homme qu'elle aimait, une attitude froide et détachée. Elle utilisait donc avec son mari un double langage: celui de la froideur, par manque d'acceptation d'elle-même, et celui de l'amour, sentiment profond qui ne pouvait passer de façon inconsciente que par son attitude.

De son côté, Étienne vivait un manque affectif qui occasionnait une angoisse parfois insupportable. Chaque fois qu'il était en présence de Françoise, la souffrance due à ce manque l'envahissait et le paralysait. Il rejetait avec tellement de force son propre besoin d'amour et de tendresse, qu'il jugeait non adulte et non acceptable pour un homme, qu'il n'exprimait aucun de ses sentiments et de ses besoins à Françoise.

Par manque d'acceptation de certains aspects de leur vérité profonde, Françoise et Étienne n'arrivaient pas à communiquer. Qu'est-ce qui les a incités à poursuivre leur thérapie ensemble plutôt que séparément? La démarche individuelle a été très importante pour eux. Se sentant totalement acceptés par moi à mesure qu'ils dévoilaient leur monde intérieur, ils ont progressivement développé une acceptation d'eux-mêmes. Cette étape est fondamentale dans le processus d'acceptation de soi. Pour s'accepter, il faut d'abord avoir connu des expériences d'acceptation des aspects de soi qui nous font honte et que, par conséquent, on ne veut montrer à personne.

J'ai connu, dans mes classes de formation, une étudiante qui présentait le modèle parfait de la victime. Elle ne s'exprimait jamais sans se plaindre, sans s'apitoyer sur son sort. Elle donnait aux autres tout le pouvoir sur sa vie, les rendant responsables de tous ses déboires. Elle inspirait davantage la pitié profonde que l'amour, ce qui contribuait à lui attirer un certain mépris de la part des autres participants, voire du rejet. Lors d'une activité d'échanges, je lui ai fait voir son comportement de victime et les conséquences sur sa vie relationnelle tant dans le groupe qu'en dehors du groupe. Elle a d'abord réagi à mon observation en s'apitoyant sur ce pattern qu'elle découvrait en elle-même, ce qui, bien sûr, ne l'aidait pas à trouver la satisfaction relationnelle qu'elle recherchait. Je lui ai alors fait remarquer qu'elle se servait de cette réalité pour s'enfoncer dans sa «victimite» tout simplement parce qu'elle n'acceptait pas ce pattern. Elle m'a répondu spontanément: «Comment peut-on accepter une chose aussi affreuse?»

Il n'y a pas de cheminement possible sans cette acceptation. Céline a d'abord été très surprise que je l'accepte vraiment malgré ce qu'elle rejetait elle-même. Au cours des mois qui ont suivi, une transformation progressive s'est opérée en elle, transformation qui n'a pas manqué de surprendre tout le groupe. De plus en plus consciente des manifestations de son comportement de victime, elle récupérait un certain pouvoir sur sa vie et, surtout, elle était capable d'en rire quand il lui arrivait de se voir comme une victime. À la fin de la formation, elle manifestait encore certaines tendances à glisser dans la «victimite»; elle était toutefois capable de les reconnaître, de s'assumer et d'y ajouter un brin d'humour: «C'est vrai que je suis victime, ça fait aussi partie de ce que je suis», a-t-elle dit un jour au groupe auquel elle appartenait. Cette acceptation a produit un effet remarquable sur ses relations. En effet, comme elle s'acceptait, les autres l'ont acceptée et même reconnue pour son authenticité et sa capacité à s'assumer telle qu'elle était.

L'expérience de Céline me rappelle celle de mon fils Antoine. Il est arrivé un jour de l'école en me disant, à la fois offusqué et triste: «Maman, tu ne sais pas ce qu'un gars m'a dit aujourd'hui? Il dit que j'ai un visage de fille.» Alors agé d'environ onze ou douze ans, il n'acceptait pas cette remarque qu'il considérait comme très choquante. Je l'ai accepté dans sa colère, je lui ai dit que je voyais combien il était gêné et même blessé par cette remarque et que cela me touchait beaucoup de le voir si offensé. Cependant je l'ai amené à faire face à la réalité: «Tu as effectivement, Antoine, des traits féminins, ce qui ne t'empêche pas d'être un vrai gars. Parce que tu n'acceptes pas cette réalité, tu donnes aux autres le pouvoir de te faire mal sur ce point.» À peine quelques jours plus tard, Antoine est revenu sur le sujet: «Tu sais, maman, le gars qui m'a dit l'autre jour que j'avais un visage de fille? Eh bien, il me l'a encore redit aujourd'hui.» «Et alors?» lui ai-je demandé. «Je lui ai répondu que c'était vrai et que je m'en portais très bien parce que j'attire les filles, ce qui n'est pas son cas.» Il s'est mis à rire et il est parti jouer. J'ai vu, encore une fois, à quel point l'acceptation peut désamorcer les attaques, les moqueries ou les critiques de l'entourage et à quel point elle donne une liberté d'être et d'agir qui n'a pas de prix. Elle est essentielle dans la communication parce qu'elle rend les échanges plus authentiques, plus profonds, plus intimes. Il est évident que, plus on s'accepte, plus on aura de facilité à se montrer tel qu'on est et à s'exprimer avec les personnes auxquelles on est affectivement attaché.

C. L'expression

Il existe plusieurs façons de s'exprimer: on peut le faire avec le corps (mimiques, mouvements, regards, gestes, etc.) à travers les arts, par les mots. Il est bien évident que le corps trahit la vie intérieure et qu'on peut, par un seul regard par exemple, exprimer tout un monde de sentiments et d'émotions. Cependant la seule expression non verbale ne suffit pas à rendre une communication satisfaisante.

Un ami me disait un jour: «S'il n'y avait pas les mots, on s'entendrait mieux et il y aurait moins de conflits.» Je pense, au contraire, que ce ne sont pas les mots qui perturbent la communication mais les obstacles mentionnés au chapitre précédent. Autrement dit, il ne s'agit pas de s'empêcher de dire, mais d'apprendre à dire. Les mots, lorsqu'ils sont l'expression authentique de la vérité profonde et lorsqu'ils sont exprimés de façon responsable, ont l'avantage de confirmer ou d'infirmer les perceptions, de donner l'heure juste, de créer l'harmonie du coeur et de la tête et de sécuriser. Une dame me disait un jour à quel point elle vivait un manque et une certaine insécurité parce que son mari ne lui disait jamais qu'il l'aimait. Quand elle le lui demandait, il répondait: «Inutile de te le dire, tu le sais» ou bien: «Je te l'ai déjà dit, cela ne sert à rien de répéter.» Le fait de savoir ne la satisfaisait pas. Ce n'était pas suffisant pour elle. Elle avait besoin de l'entendre, de se le faire dire et redire.

Un ami me faisait part, un jour, de sa souffrance dans sa relation de couple. Sa compagne était toujours très réservée dans l'expression de son monde intérieur et refusait de l'extérioriser en disant: «C'est à toi de voir ce qui se passe en moi et non à moi de te le dire.» Croire qu'on peut sentir ce qui se passe dans le monde intérieur de l'autre, c'est risquer d'interpréter ou de projeter sa propre vérité. De plus, vouloir que les autres nous devinent, c'est vouloir, consciemment ou non, se faire prendre en charge. Ainsi, on n'a pas à s'occuper de ses besoins, on attend que l'autre s'en occupe. Cette attitude conduit généralement à la frustration et à la déception parce que personne n'est responsable de répondre aux attentes d'un autre.

L'expression de soi par les gestes et par le regard ne suffit pas à la communication authentique qui a besoin du langage verbal. S'exprimer par les mots, c'est prendre en charge ses émotions, ses désirs, ses besoins dans la relation, c'est se donner de la place et de l'importance, c'est être habité par l'amour de soi. Cette expression verbale de soi est souvent entravée par la peur qui est source de refoulement. Le silence qui en découle, parce qu'il est défensif, n'est pas favorable à la communication comme peuvent l'être certains silences remplis de complicité. Ce silence cause une brisure plus ou moins prolongée de la relation et est cause de souffrance parce qu'il est source d'incommunicabilité. Ainsi par peur d'être jugé, rejeté, ridiculisé, par peur de la réaction de l'autre, par peur de se montrer tel qu'on est, on ne s'exprime pas. Faire face à un mur de silence défensif dans une relation, c'est faire face à l'impuissance, au désespoir, à la pulsion de mort à cause de l'insécurité déclenchée par l'inconnu. J'ai observé, à l'occasion de mon travail auprès des gens, qu'il existe un lien constant entre l'insécurité et le désespoir. Les personnes insécurisées dans leurs relations affectives sont habitées par une pulsion de mort qui les tire vers le fond. Sur le plan relationnel, elles adoptent l'une ou l'autre des voies suivantes: ou bien elles s'agitent et foncent sur le mur pour provoquer une réaction, ce qui a pour effet d'augmenter la peur de l'autre et d'entretenir sa fermeture; ou bien elles se laissent glisser dans le désespoir, ce qui déclenche la culpabilité de l'autre et l'amène à se barricader dans un mutisme encore plus défensif. Il se produit alors un système relationnel qui ne peut aboutir qu'à une insatisfaction chronique à cause de l'incommunicabilité. Plus l'un se tait, plus l'autre fonce ou s'enfonce et, inversement, plus ce dernier réagit défensivement ou s'abandonne, plus le premier s'enferme dans le silence.

Ces deux mondes intérieurs ne se rejoignent jamais parce que les émotions et les besoins ne sont pas exprimés. Celui qui se défend par une attitude de fermeture ne dit pas les peurs et la culpabilité qui le paralysent alors que l'autre n'exprime pas son sentiment d'impuissance, son insécurité, son désespoir. Qu'est-ce qui pourrait favoriser l'expression de leur vérité intérieure? Beaucoup de facteurs extérieurs interviennent dans les problèmes d'incommunicabilité. Mais essayer de changer ce qui est extérieur à soi et surtout les autres est souvent peine perdue. On touche ici aux étapes du processus d'apprentissage de la communication: pour s'exprimer de façon satisfaisante, il faut d'abord se connaître, savoir ce qui se passe au fond de soi et s'accepter en passant par la première étape de l'acceptation, celle d'accepter de ne pas accepter. Quand on sait qu'on vit de la culpabilité ou une peur profonde d'être jugé et rejeté et qu'on accepte ce vécu, qui est en fait une réalité incontestable, il est plus facile de l'exprimer, particulièrement aux personnes auxquelles on est profondément attaché. Le fait de prendre conscience et d'accepter ne fait pas disparaître l'intensité du besoin et de l'émotion, mais procure un pouvoir sur sa vie qui permet d'aller plus loin dans l'apprentissage de la communication. Sans ces deux premières étapes de l'apprentissage, il n'est pas possible d'exprimer sa vérité intérieure. Cependant cette expression de soi risque d'être mieux entendue et mieux reçue par l'autre si elle se fait avec un souci de responsabilité.

D. La responsabilité

J'ai beaucoup insisté au chapitre 2 sur la responsabilité comme élément important de la communication authentique. Elle est une disposition indispensable à l'apprentissage de la communication. Je ne crois pas possible de vivre une relation satisfaisante sans un souci de responsabilité tel que défini précédemment. C'est une attitude difficile à développer parce que la tendance naturelle, quand l'émotion, le besoin ou le désir se manifestent au fond de soi, est de se juger et de s'écraser ou de rendre l'autre responsable en le jugeant, le blâmant, le critiquant et ce, sans être trop souvent en mesure de se reprendre en main.

Pour devenir responsable de ce qui se passe en soi, il importe d'abord d'être conscient de l'émotion ou du besoin, d'accepter ce vécu et aussi le fait qu'il nous appartient et que nous sommes les seuls à pouvoir le prendre en charge. Certains penseurs disent que nous sommes responsables du choix de nos parents et que s'ils ont été violents ou s'ils nous ont abandonnés, c'est que nous nous sommes attiré cet entourage à cause de nos vies antérieures. C'est une hypothèse que je n'ai pas l'intention de contester. Elle peut sans doute aider certaines personnes à accepter les souffrances de l'enfance et de l'adolescence, mais ce qui m'intéresse ici, du point de vue de l'apprentissage de la communication, ce n'est pas la responsabilité que nous avons eue ou que nous n'avons pas eue lorsque nous étions petits, mais celle que nous avons maintenant. Si nous n'avons pas de pouvoir sur la souffrance causée par les événements passés, nous en avons sur celle du présent. Nous pouvons en effet écouter notre chaos intérieur, fait d'émotions et de besoins de toutes sortes, ici et maintenant, et prendre en charge ce monde qui nous habite. De toute façon, il est inutile de revenir en arrière parce que, comme je l'ai expliqué précédemment, le passé ne disparaît pas sur le plan émotionnel, il est toujours présent dans le psychisme de sorte qu'un déclencheur extérieur peut provoquer une charge émotionnelle très forte parce qu'il ramène à la mémoire inconsciente des souffrances passées qui se manifestent à nouveau dans la situation du moment. Tenir le déclencheur responsable de cette émotion, c'est ne pas tenir compte de la réalité du fonctionnement psychique. C'est en acceptant la responsabilité de cette souffrance qu'on peut la prendre en charge, c'est-à-dire l'accueillir comme faisant partie de soi, la comprendre de façon à trouver les moyens de vivre avec elle, les moyens non pas de se défendre mais de se protéger. Ainsi au lieu de blâmer l'autre et de le rendre responsable de ses déboires, ce qui entraîne l'incommunicabilité et l'impuissance, on peut partager avec lui le vécu et se protéger consciemment en posant des limites, en faisant des demandes claires et des vérifications, en transformant ses attentes en objectifs, en choisissant, sans tomber dans la fuite, un environnement et un entourage favorables à son équilibre intérieur, ou en prenant le risque de vivre de nouvelles façons d'entrer en relation et d'être en relation. (*Relation d'aide et amour de soi*, p.277 à 315)

La responsabilisation personnelle donne un pouvoir sur sa vie et permet d'agir plutôt que de subir. Elle fait de chacun un être de création plutôt qu'un être qui dépense son énergie à réagir défensivement ou à s'écraser.

Quand j'écris ces lignes, je ne peux m'empêcher de penser à ma relation avec ma mère. J'ai aujourd'hui beaucoup d'admiration et de respect pour cette femme extraordinaire, mais ce ne fut pas toujours le cas. Son côté original, marginal, impulsif qui, autrefois me dérangeait, m'impressionne aujourd'hui et me séduit au plus haut point. Après mon séjour de trois ans à Paris, j'ai invité des amis parisiens chez moi à Montréal pour quelques semaines. Un jour, j'ai amené l'un d'eux chez ma mère. Il a été tellement impressionné par elle qu'il en a parlé à ses proches en France, ce qui a eu pour conséquence que tous les amis venus me rendre visite par la suite insistaient pour la rencontrer. Elle a conquis tout le monde. Ma mère est tellement spéciale qu'elle est presque une attraction touristique.

Pourtant, quand j'étais adolescente et jeune adulte, j'avais adopté une attitude de jugement par rapport à cette femme si imprévisible. Je la blâmais souvent parce que j'avais le sentiment qu'elle ne m'acceptait pas comme j'étais et qu'elle me rejetait. J'ai mis beaucoup de temps à comprendre que c'était moi qui ne l'acceptais pas et qui parfois la rejetais. Quelle projection! Sur le plan de la communication, j'étais totalement irresponsable parce que je ne m'occupais pas de mes besoins d'être aimée et reconnue par elle. J'essayais de la changer plutôt que de me changer. Quand j'ai pris conscience de mon fonctionnement, tout s'est transformé. Je me suis occupée de mes besoins en les lui exprimant. J'ai été très bien accueillie. J'ai alors compris ce que je ne voyais pas auparavant: combien j'étais aimée de ma mère et comme elle était fière de moi. Aujourd'hui je ne voudrais pour rien au monde qu'elle soit différente de ce qu'elle est. Elle est devenue pour moi un modèle de force intérieure, d'ouverture à la vie. Ma mère, c'est une grande dame qui a gardé au fond d'elle-même, en dépit de ses 75 ans, une pureté, une spontanéité d'enfant.

Cette expérience a été pour moi très révélatrice. J'ai vu à quel point le manque de responsabilité dans ma relation avec ma mère m'avait éloignée de cette femme dont j'avais tant besoin et m'avait aussi empêchée de vivre avec elle une communication authentique. De plus, en rejetant ma mère, je rejetais toute une partie de moi. J'ai longtemps cru et voulu croire que je ne ressemblais qu'à mon père, mais je sais maintenant que Jacqueline Chevrier a marqué ma vie et que je lui ressemble aussi beaucoup; je sais aussi maintenant que je suis très fière d'elle. J'ai, comme elle, une capacité à continuer ma route en dépit des pires obstacles. La simplicité, la marginalité et, d'une certaine façon, un côté imprévisible sont aussi des qualités que nous partageons.

J'ai appris davantage de cette expérience avec ma mère. Depuis, chez la majorité de mes clients ou étudiants, j'ai fait l'observation suivante: nous, les enfants devenus adultes, nous avons généralement tendance à ne retenir que les souvenirs tristes et douloureux de notre vie passée et à ne pas voir les moments agréables, ce qui nous amène à rejeter plutôt qu'à accepter cet héritage. Cette réprobation nous rend victimes, irresponsables et sans pouvoir sur notre vie alors que l'acceptation sans résignation nous aide à créer à partir de ce que nous sommes, avec la souffrance comme avec l'amour. On peut se servir de sa souffrance pour détruire et se détruire, comme je l'ai dit précédemment; on peut aussi s'en servir pour créer et se créer, pour construire et se construire. Il ne s'agit pas là de négation de la souffrance, qui doit de toute façon être vécue et exprimée, mais d'un choix constant de l'être humain entre sa pulsion de vie et sa pulsion de mort. Et si parfois la pulsion de mort l'emporte parce que la souffrance est insupportable, il reste encore l'espoir de toucher le fond pour se donner l'élan qui fait remonter vers la lumière et vers la vie.

«Il y a dans la souffrance des leçons de bonheur» chante Jean Robitaille dans son disque «En équilibre» (1993). Et c'est quand je prends cette souffrance en charge que je peux toucher au bonheur qu'elle recèle aussi. Si la relation avec mes parents a été source de douleur, ce n'est pas en les blâmant que j'y changerai quelque chose. Je ne crois pas à l'efficacité des règlements de compte par le biais de la communication. Je ne crois pas que le fait de reprocher à ses parents toutes ses souffrances passées puisse créer un rapprochement avec eux. Ce comportement de victime, irresponsable, déclenche la peur et la culpabilité et soustrait de la communication toute liberté. La seule façon d'améliorer la relation avec ses parents est d'être authentique au moment de chacune de ses rencontres avec eux, d'être capable d'exprimer, de façon responsable, ses malaises du moment et ses besoins. Cette attitude aura pour effet de libérer aussi la souffrance passée parce qu'un regard réprobateur de son père, par exemple, peut, ici et maintenant, déclencher la même souffrance que celle qui a été connue, enfant. Au lieu de lui reprocher le passé, il est important, pour connaître avec lui une communication authentique, d'exprimer, dans le présent de la situation, ses peurs, sa peine, son sentiment d'infériorité ou de culpabilité et ses besoins selon ce qui est vraiment vécu, de lui dire qu'on vit ici et maintenant encore la même peur que celle qu'on vivait quand, petit, il nous jetait le même regard.

Si l'expression du vécu n'a pas pour but de blâmer mais de créer un rapprochement, il y a de fortes chances qu'elle soit accueillie. Il est aussi possible qu'elle ne le soit pas parce que, par exemple, son père peut avoir trop peur de ses propres émotions pour leur faire de la place. Même s'il est difficile de l'accepter dans ses limites, il n'en reste pas moins que l'expression de sa vérité intérieure fera son chemin et ouvrira de plus en plus grande la porte de son coeur. Alors seul un travail de responsabilisation peut permettre de se prendre en mains pour connaître une communication satisfaisante même, et surtout, dans la souffrance.

Ce même travail, on a à le faire aussi en tant que parent dans sa relation avec ses enfants. Une expérience récente avec mon fils Guillaume m'a fait prendre conscience de ma responsabilité et de la sienne. Il était triste et un peu dépressif depuis quelques jours. Je suis toujours profondément touchée par la souffrance de mes enfants. Ma première réaction est de vouloir les sauver, de leur arracher la douleur comme on enlève une écharde du doigt. À force de parler avec lui, j'ai compris qu'il vivait un douloureux sentiment d'infériorité dans le cadre de son travail parce qu'il ne se sentait pas à la hauteur, ce qui l'empêchait de recevoir toute la reconnaissance qu'on lui témoignait quotidiennement. Il ne se donnait le droit ni à l'erreur ni à l'imperfection. Bien qu'il m'ait exprimé sa souffrance sans me faire de reproche, j'ai été envahie par un sentiment de culpabilité. Je savais que je lui avais laissé en héritage un grand souci de perfection, ce qui l'empêche souvent de connaître la satisfaction du travail accompli. J'ai beaucoup exigé de lui et, maintenant, il exige beaucoup de lui-même, ce qui n'est pas mauvais en soi, bien au contraire, mais ce qui peut le devenir quand on n'accepte pas ses limites, ou quand on ne se donne pas le droit à l'imperfection. J'ai trouvé difficile d'entendre et d'accueillir sa souffrance sans tenter de le prendre en charge et encore plus difficile de ne pas me blâmer ni me juger. J'ai fait honnêtement ce que je croyais être le plus approprié à ce moment-là, en respectant ce que j'étais et avec les moyens que j'avais, tout comme l'ont fait mes parents. Mon fils doit faire son chemin dans la vie avec son héritage psychique, tout comme je l'ai fait moi-même. Cet héritage s'enrichit et se transforme constamment par toutes les influences inconscientes que procurent des communications authentiques. Le plus important est de conserver des moments d'échanges, des moments qui nous rapprochent et continuent à nous influencer et à nous construire l'un l'autre, parce qu'ils me permettent d'exprimer la confiance que j'ai en lui, l'admiration pour le travail exceptionnel qu'il fait au Centre de relation d'aide de Montréal et ma fierté d'avoir un fils aussi merveilleux.

Tel est donc le travail le plus important à faire à cette étape du processus d'apprentissage: apprendre à départager les responsabilités de l'un et de l'autre, apprendre à laisser à l'autre le pouvoir sur sa vie tout en gardant le contrôle sur la sienne. C'est de cette façon seulement qu'on devient libre et autonome et qu'on laisse aux autres leur pouvoir, leur liberté et leur autonomie affective. Je crois qu'il ne sert à rien de pleurer sur le passé. Le regret ne contribue qu'à nous tirer en arrière et qu'à nous empêcher de créer. Je ne regrette rien de l'héritage que j'ai laissé à mes enfants parce que j'ai agi avec intégrité et beaucoup d'amour. Chaque jour, c'est avec mon héritage psychique que je me construis par la communication et je sais que, grâce au travail que je fais sur moi-même et à la relation que j'ai établie avec eux, nous continuons à nous transformer mutuellement. Ce n'est qu'en acceptant tout ce que je suis que je peux me créer et, quand j'entre en relation intime avec eux ou avec d'autres personnes importantes pour moi, nous nous reconstruisons mutuellement et, ensemble, nous respectons le sens du mouvement de la vie qui n'est pas de nous ramener en arrière, mais de nous propulser vers l'avant à partir de ce que nous sommes maintenant, à partir de nos forces, de nos faiblesses, de notre potentiel.

Cet apprentissage à vivre pleinement le présent et à y puiser le meilleur pour se réaliser au maximum par la communication authentique est possible si on accepte de se donner du temps parce qu'il nécessite une période plus ou moins longue d'intégration.

E. L'intégration

Beaucoup de gens croient que la prise de conscience de ce qu'ils sont et la connaissance de leur fonctionnement suffisent à les transformer et à transformer leurs relations affectives pour une plus grande satisfaction; c'est généralement loin d'être juste. La connaissance de soi constitue seulement la première étape du processus d'apprentissage à la communication authentique. Elle est incomplète sans l'acceptation, l'expression et la responsabilité.

Nous vivons dans une société où l'accent est mis sur les résultats et non pas sur les processus. Quand une personne vit des souffrances et des insatisfactions, cette réalité l'amène à chercher des solutions miracles à tous ses problèmes personnels et relationnels. Chaque fois qu'elle se sent mal intérieurement, elle cherche quelqu'un qui pourra trouver la cause de sa souffrance et lui donner les moyens de s'en sortir. Elle passera ainsi directement de la prise de conscience au résultat, ce qui n'entraînera qu'une satisfaction temporaire; elle continuera à chercher à l'extérieur d'elle-même les solutions à ses malaises profonds et elle les entretiendra par une difficulté chronique à être en relation avec elle-même et avec les autres.

J'ai souvent observé, dans le cadre de mon travail auprès des gens, combien il est difficile de dépasser l'étape de la prise de conscience. Quand elles ont découvert quelque chose sur elles-mêmes, la plupart des personnes ont tendance à se tourner vers l'extérieur plutôt que de pénétrer en elles pour aller plus à fond dans le processus de travail sur soi. Je constate la tendance, due à certaines croyances religieuses ou à l'éducation, à chercher en dehors de soi et à s'en remettre complètement à l'autre, que cet autre soit un ami, un parent, un enfant, un spécialiste ou même un dieu.

L'apprentissage de la communication authentique passe par la récupération du pouvoir sur sa vie et par l'intériorisation, non pas une forme de nombrilisme qui est l'envers de la relation avec soi et avec les autres, mais un approfondissement qui passe par l'acceptation de ce qu'on est réellement. Ce travail sur soi, que j'expérimente continuellement, conduit toujours vers la découverte de ses forces les plus profondes, de sa liberté intérieure. Et c'est là, et là seulement, qu'a lieu la véritable rencontre avec Dieu. Cette rencontre avec les forces supérieures qui habitent chaque être humain ne peut passer que par l'incarnation, c'est-à-dire par l'acceptation de son corps, de ses sensations, de ses désirs et l'acceptation réelle de son coeur, de ses émotions, de ses complexes, de ses patterns, de ses mécanismes de défense. Il ne s'agit pas d'une acceptation temporaire qu'on ne concède qu'en attendant d'être parfait, mais d'une acceptation profonde, permanente et définitive de sa condition d'homme incarné. Tout travail sur soi qui refuse cette incarnation est voué à l'échec et à l'insatisfaction. Toute spiritualité qui ne passe pas par cette incarnation risque d'être une spiritualité défensive, moralisante, dominatrice, déconnectée de la réalité humaine parce qu'elle tend à éloigner l'homme de sa vraie nature.

S'accepter, c'est construire à partir de la réalité de ce qu'on est, non a partir de l'être idéal qu'on voudrait être. Il s'agit d'un apprentissage à long terme qui passe, comme le symbole du chemin de la croix, par des obstacles, par des chutes et par de multiples recommencements. C'est ce processus qui permet l'intégration de son apprentissage, lequel ne peut se faire que dans la relation avec soi et avec les autres. C'est un chemin aussi long que celui de la vie parce que, au moment où on touche une satisfaction profonde à propos de ce qui est vraiment intégré, de nouveaux événements déclenchent de nouvelles prises de conscience et remettent en marche le processus d'intégration. Voilà ce qu'est l'évolution d'un être humain. Plus on avance, plus les communications sont profondes et authentiques parce qu'on peut davantage révéler sa vérité intérieure et, inversement, plus on communique authentiquement, plus l'autre devient un déclencheur des nouveaux apprentissages à faire. C'est un cheminement intérieur qui ne se mesure pas, qui ne se compare pas, mais qui se vit et qui fait goûter le bonheur de l'autocréation et de la création par la relation intime.

F. La création et l'autocréation

L'apprentissage de la communication authentique est un processus d'évolution dont le résultat, à long terme, n'est pas la résolution de problèmes ni la disparition totale de la souffrance, mais la création de soi, des autres et du monde. Toute relation affective intime avec soi et avec les autres donne la possibilité de se créer en permanence et surtout, de devenir, de concert avec les autres, des êtres créateurs. J'apporte ici un témoignage très important tiré de mon expérience personnelle. Ma relation avec François a été et est encore pour moi la source la plus riche de création. Ensemble et grâce à la communication profonde établie entre nous, nous nous sommes construits l'un l'autre; ensemble nous avons créé notre famille dont nous sommes si fiers et, ensemble, nous avons aussi créé le Centre de relation d'aide de Montréal et la Corporation internationale des thérapeutes en relation d'aide du Canada. Chaque jour, je suis très heureuse de voir dans le cadre de la formation des thérapeutes en relation d'aide que nous offrons (formation fondée entre autres sur l'apprentissage de la communication authentique) des étudiants qui se réalisent, qui améliorent considérablement leur vie relationnelle, qui sont de bons thérapeutes en relation d'aide et qui deviennent créateurs eux-mêmes à partir de leurs propres ressources et avec les relations qu'ils se sont créées.

Je constate aussi quotidiennement, dans mon travail de directrice du personnel au Centre de relation d'aide de Montréal, à quel point notre satisfaction naît de la communication authentique toujours présente entre tous les employés, qu'ils soient animateurs, guides psycho-pédagogues, superviseurs ou régulateurs tout comme entre les employés et la direction. Le travail d'équipe est pour moi d'une importance capitale et je favorise toujours les rencontres qui donnent la possibilité de s'exprimer et d'écouter. Il est important pour moi que les gens de l'équipe de formation puissent travailler dans un climat de confiance et de sécurité affective que seule une communication authentique peut permettre. Il est tellement plus agréable et plus nourrissant de travailler dans un milieu où les besoins fondamentaux sont satisfaits, un milieu où la relation est une priorité.

C'est cet accent mis sur la relation et la communication authentique qui permet à chacun de devenir entièrement lui-même, de se dépasser et d'être créateur. On n'apporte rien de vraiment sain et profitable en faisant des tas de choses pour prouver, pour prendre le pouvoir, pour se montrer supérieur. Cette attitude défensive ne produit que des effets superficiels et éphémères. La seule façon d'être vraiment créateur et d'apporter quelque chose de profond et de vraiment utile, c'est de travailler sur la relation avec soi de façon à être le plus authentique et d'apprendre à communiquer pour que ses relations affectives d'ordre personnel, professionnel ou social soient créatrices des autres et du monde. Il s'agit de ne pas consacrer entièrement ses énergies au paraître mais spécialement à l'être, parce que c'est avec ce qu'on est qu'on entre en relation et c'est par la relation avec soi, avec l'autre et avec le monde qu'on se nourrit et qu'on donne, qu'on se crée et qu'on devient créateur. Je suis convaincue qu'on ne créera pas le monde par les guerres, les luttes de pouvoir, le besoin de dominer et de prouver mais par la création d'un climat relationnel où chacun peut s'exprimer, être écouté et être respecté. Il ne s'agit pas de partir en croisade, de devenir missionnaire et de tenter de changer les autres et l'humanité, mais de se transformer soi-même et de prendre la responsabilité de s'occuper de soi et d'améliorer ses relations par l'apprentissage de la communication authentique. L'amélioration des relations dans la société passe par l'amélioration des relations avec les gens qui nous entourent. Le but de cet apprentissage n'est pas d'être proche de tout le monde, mais d'être assez authentique pour exprimer les vrais malaises, poser les vraies limites et donner les vrais espoirs de façon à ce que chacune de nos relations ait un effet de rayonnement, comme la roche qu'on laisse tomber à l'eau produit une vague qui donne naissance à une autre vague, laquelle fait naître la vague suivante dans une relation créatrice dont les effets se propagent à l'infini.

Ce phénomène d'influence, favorisé par la communication, n'est pas imaginaire mais bien réel. Il prend sa source dans un univers qui peut désormais devenir accessible: son propre univers intérieur. L'apprentissage de la communication authentique permet d'y accéder progressivement. Et pour favoriser cet apprentissage, le chapitre suivant fournira des éléments importants de la communication authentique: les «facilitateurs», auxquels j'accorderai une attention privilégiée.

CHAPITRE 8

LES FACILITATEURS DE LA COMMUNICATION AUTHENTIQUE

Le mot facilitateur est ici un néologisme. Dans le sens que je lui attribue, il s'agit d'un moyen psychologique qui contribue à rendre la communication plus coulante, plus souple, plus facile, plus satisfaisante. Au cours des pages qui vont suivre, l'accent sera mis sur l'aspect psychologique de la communication; c'est pourquoi le lecteur ne trouvera dans ce chapitre aucun truc, aucune technique, aucune recette miracle. La communication authentique n'est surtout pas d'ordre technique mais plutôt d'ordre psychique. On ne peut la réduire, comme je l'ai précisé précédemment, à des recettes sans lui enlever son âme, son essence, ses fondements. Par sa nature même, elle est mouvante et adopte différentes formes selon les situations, les personnes, les états d'âme. Elle relève de facteurs intérieurs qui ne se mesurent pas, qui ne se classent pas mais qui se vivent.

Il est difficile d'aborder les obstacles de la communication authentique sans en considérer les facilitateurs parce que, en parlant des uns, on touche nécessairement aux autres. J'insisterai sur des facilitateurs spécifiques; ils méritent d'être considérés parce que mon expérience personnelle et professionnelle m'a fourni la preuve incontestable qu'ils sont essentiels à la communication authentique. Ces facilitateurs sont: la satisfaction des besoins fondamentaux, la confiance mutuelle, le respect des différences, la reconnaissance d'intérêts communs, la gratuité, le travail sur soi et le ressourcement.

A. La satisfaction des besoins fondamentaux

Une relation saine et créatrice est toujours une relation dans laquelle les besoins psychiques fondamentaux sont généralement satisfaits, une relation où la sécurité, l'amour, la reconnaissance de l'autre, l'écoute, l'affirmation de soi, la liberté et la création occupent la première place. Il est bien évident aussi que la satisfaction d'un besoin quelconque n'est pas toujours totale. Cependant, si une personne n'arrive jamais à se sentir sécurisée, aimée, valorisée ou écoutée, si elle ne réussit pas à s'affirmer, à se sentir libre ou à créer, la relation ne peut être agréable ni suffisamment nourrissante pour y trouver le bien-être et le sentiment global de bonheur toujours recherché.

Deux choses peuvent causer une insatisfaction des besoins fondamentaux dans une relation: le manque d'authenticité dans la communication et l'attente d'être pris en charge par l'autre pour la satisfaction de ses besoins.

Être capable d'une communication authentique c'est, je le répète, être capable d'exprimer à l'autre sa vérité profonde sans ménagement et sans rejet, c'est être capable d'exprimer honnêtement ce qui se passe en soi par rapport à l'autre, même si c'est extrêmement difficile à cause des peurs qui envahissent. Être capable d'une communication authentique, c'est avoir assez de force intérieure pour donner l'heure juste et dire, par exemple: «En ce moment, je ne suis pas fière de toi ou je ne suis pas en mesure de t'écouter parce que je souffre trop.» ou encore: «Je n'arrive pas à t'aimer quand tu me rends responsable de tes problèmes».

La satisfaction des besoins fondamentaux n'est possible que lorsqu'il y a authenticité dans la communication. Quand une personne est capable de dire les choses désagréables de façon responsable et non sur la défensive, on peut se fier sur elle quand elle exprime son amour, sa reconnaissance ou son acceptation. Avec une telle personne, on sait exactement à quoi s'en tenir, on peut faire confiance, ce qui donne la possibilité de se situer soi-même dans la relation et par rapport à la relation. La capacité à exprimer sincèrement la vérité à propos du vécu et de faits bien précis assure la plus grande satisfaction des besoins fondamentaux dans une relation affective. Mais un autre obstacle à la satisfaction de ces besoins demeure l'attente de voir l'autre répondre.

Rien n'est pire que l'attente, comme je l'ai déjà mentionné. Si on a besoin d'être aimé et qu'on attend que les autres s'occupent de ce besoin, on risque d'attendre toute sa vie. La seule personne responsable de ses propres besoins fondamentaux est soi-même. Voilà une réalité souvent difficile à admettre et à intégrer. Cela ne signifie pas qu'on n'a pas besoin des autres et que les autres ne peuvent pas apporter leur secours, mais qu'on a la responsabilité de s'occuper de ses besoins en les exprimant, en faisant des demandes, en s'entourant de personnes capables d'accepter l'autre avec ses manques et en acceptant que les autres ne sont pas obligés de les combler. Ce n'est pas une question de suffisance, c'est plutôt une question de capacité à se prendre en charge dans la relation, à récupérer son pouvoir plutôt que de le laisser à l'autre, à garder son autonomie affective. Cette capacité vient d'une acceptation du besoin qu'on a de l'autre, de la prise en charge par soi-même de ce besoin et d'une capacité à accueillir l'autre dans ses limites par rapport à ses demandes à soi. Dans une situation relationnelle où le besoin exprimé par l'un reçoit une réponse authentique et favorable de l'autre, il n'y a généralement pas de problèmes puisque le besoin est satisfait. Par contre, il est toujours plus difficile de faire face à un refus comme réponse à une demande. Être capable de recevoir un «non» ne signifie pas qu'il faille s'apitoyer, se résigner ou se couper de sa déception, mais qu'il est souhaitable, pour rester en relation, de donner le droit à l'autre d'être vrai et d'avoir des limites tout en lui signifiant franchement son vécu de façon responsable. Et pour mieux saisir ce travail d'autonomie par rapport à ses besoins psychiques fondamentaux, autonomie qui ne peut naître que d'une communication authentique, je m'attarderai à développer chacun de ces besoins en démontrant comment ils peuvent faciliter ou non la communication authentique en commençant par le besoin de sécurité.

1. le besoin de sécurité affective

Le besoin de sécurité constitue est vraiment le besoin de base de toute relation. Quand il est satisfait, il est beaucoup plus facile de communiquer. Une personne qui, bien qu'elle soit aimée, reconnue, écoutée et libre, n'est jamais satisfaite si elle n'est pas sécurisée. L'amour sans la sécurité c'est comme de l'eau sans contenant. Plusieurs éléments sont indispensables à la satisfaction du besoin de sécurité: le souci de vérité, la confiance, l'engagement, la capacité à délimiter son territoire et à fixer ses limites.

J'ai déjà parlé de l'engagement et de l'importance de délimiter son territoire et de fixer ses limites pour se sécuriser. J'ai aussi parlé du souci de vérité comme élément indispensable à la communication authentique. Dans une relation affective importante, la vérité sécurise toujours, même quand elle est difficile à accepter. J'ai vu tellement de femmes et d'hommes insécurisés par le ménagement, par le mensonge, par le manque de franchise et d'honnêteté. On ne vit pas en relation intime avec quelqu'un sans avoir ses antennes intérieures. Même si on ne peut jamais dire exactement ce qui se passe dans le monde de l'autre en dehors de ce qu'on voit et entend sans risquer de l'interpréter, il n'en reste pas moins qu'on peut ressentir des malaises, des sensations désagréables quand on est en présence de l'autre. C'est souvent ce que déclenche le manque d'authenticité: des malaises dont on ne peut identifier la source, des malaises qui insécurisent au plus haut point parce qu'on a l'impression qu'ils sont inexplicables. Et quand on exprime à l'autre cette souffrance, elle ne disparaît pas, bien au contraire, elle s'accroît parce que le déclencheur l'entretient. Plus on se livre à une personne qui n'est pas authentique, plus on est mal, plus on se croit anormal et plus on vit une insécurité profonde parce qu'on manque de prise sur la réalité, parce que la vérité est absente.

Les difficultés de communication causées par ce problème sont innombrables. En tant que thérapeute, j'observe fréquemment cette réalité, spécialement à l'intérieur de cette forme de thérapie que j'appelle «thérapie relationnelle» qui consiste à aider des couples, des amis, des frères et soeurs,des parents et des enfants, des collègues de travail à être en relation et à communiquer authentiquement. Ma formation, ma pratique professionnelle et le travail que je fais constamment sur moi-même m'ont appris que mes seuls outils de travail au moment même de la situation thérapeutique sont ma capacité à ressentir mes émotions, à être en relation et ma capacité d'acceptation. Je ne crois pas que la personne qui manque d'authenticité, d'honnêteté et de franchise soit dans l'erreur. Je crois plutôt qu'elle se défend parce qu'elle a peur: peur de blesser, peur du conflit, peur d'être rejetée ou peur de perdre. Ce sont ces peurs qui l'empêchent d'être vraie et c'est parce qu'elle n'est pas vraie que ce qui lui fait peur risque de lui arriver.

Je suis toujours touchée par la souffrance des deux personnes en cause: celle qui souffre de l'insécurité, du malaise non identifié et celle qui souffre de l'insécurité causée par la peur. J'ai souvent l'impression d'être en face de deux êtres qui se cherchent désespérement l'un l'autre et qui n'arrivent pas à s'atteindre, à se rejoindre, parce que chacun ne s'est pas trouvé lui-même. La personne qui souffre d'un malaise inexplicable ne peut trouver de prise qu'en écoutant ce malaise en vue de l'identifier. C'est vraiment là un des apports importants du thérapeute: être en mesure d'accueillir la souffrance sans la juger et d'aider ainsi la personne à l'identifier, à partir de ce qu'elle exprime elle-même. Il faut que le rationnel perçoive l'irrationnel pour que, dans le chaos intérieur, on trouve un point d'appui. Autrement, c'est le néant qui ne peut qu'insécuriser par manque de points de repère. Il ne suffit pas de pleurer pour se trouver une voie mais il faut mettre des mots sur ses larmes.

Autant l'éducation a trop souvent nié et condammné l'expression intense de l'émotion, autant certains thérapeutes optent pour des pratiques qui favorisent cette expression en condamnant la raison. Je crois que la raison n'est un obstacle à l'expression des émotions que si elle les réprime. Autrement son intervention est indispensable au processus de croissance et de transformation. On ne peut aider les autres sans elle. L'homme qui souffre a besoin non seulement de faire place à sa souffrance et d'être accueilli dans sa douleur par l'autre, mais il a aussi besoin d'utiliser sa raison pour l'identifier, sans toutefois bloquer l'émotion. C'est uniquement de cette façon qu'il pourra s'en sortir parce que l'identification de son émotion lui donne des points de repère et des balises qui le sécurisent suffisamment pour continuer la relation. Sans elle, il risque de se perdre dans sa souffrance et d'avoir beaucoup de mal à émerger de sa douleur profonde.

Dans une relation intime où flotte un malaise non identifié déclenché par le manque d'authenticité de l'autre, l'identification de ce malaise peut permettre de tracer exactement les contours du paysage intérieur. La raison devient alors une lumière dans le noir labyrinthe du chaos émotionnel. C'est elle qui permet d'éclairer la souffrance, de la nommer: doute, non-confiance, méfiance. Le point d'appui est alors de dire à l'autre, non pas qu'il n'est pas vrai - à moins d'en avoir une preuve observable - mais qu'on éprouve devant lui et devant ce qu'il nous dit de la méfiance et qu'on n'arrive pas à lui faire confiance. C'est la seule façon d'être vrai sans blâmer et sans accuser. Le fait d'identifier son émotion et de l'exprimer authentiquement sécurise parce qu'il donne du pouvoir sur sa vie et, de plus, entraîne toujours un impact chez l'autre. Il n'est jamais facile de s'entendre dire: «Je n'ai pas confiance en toi» et il est très difficile de rester insensible à l'expression d'un tel sentiment.

Finalement, quand on est dans une relation insécurisante à cause du manque d'authenticité, ce n'est ni par l'interprétation, ni par le jugement, ni par l'accusation qu'on peut retrouver la sécurité qui permet de s'exprimer et de créer les ponts de la communication authentique. C'est là aussi qu'on trouvera l'amour de soi qui permettra de se donner le droit d'exister tel qu'on est en présence de l'autre.

2. le besoin d'amour

On a tellement parlé d'amour et pourtant il en reste toujours à dire. Toutes les grandes religions sont fondées sur l'amour. On le retrouve à la base de plusieurs croyances et de plusieurs théories philosophiques et psychologiques. Il est aussi présent au théâtre, au cinéma, dans les romans et dans la vie quotidienne. Et dans la communication authentique, quelle est sa place?

Je définis l'amour comme un sentiment plus ou moins profond qui crée la relation affective et qui est entretenu par elle. Autrement dit, il ne suffit pas d'aimer et d'être aimé pour maintenir une relation vivante et satisfaisante. L'amour a besoin de nourriture. Et l'une de ses principales nourritures, c'est la communication authentique. J'ai vu tellement de gens qui s'aimaient et qui étaient incapables de se rejoindre, de s'atteindre et d'entretenir cet amour, de l'alimenter.

Pauline et Gilles étaient vraiment très attachés l'un à l'autre. Ils s'aimaient, mais leur relation était un vrai supplice de Tantale: ils n'arrivaient pas à s'en nourrir et à en profiter, ils se heurtaient constamment à l'incommunicabilité et, par conséquent, ils étaient profondément déchirés et malheureux. «Pourtant, je l'aime» me répétaient-ils lors de cette première rencontre de thérapie relationnelle qui représentait pour eux le dernier recours, la bouée à laquelle ils s'accrochaient tous les deux pour sauver une relation amoureuse qui, manifestement, allait à la dérive.

Tant d'êtres qui s'aiment se séparent parce qu'ils ne supportent plus la souffrance de de cet amour inaccessible. Tout est là mais ils n'arrivent pas à le donner ou à le prendre. Plusieurs en arrivent à se déchirer l'un l'autre parce qu'ils sont intérieuremment déchirés eux-mêmes. L'amour prend alors le visage de l'impuissance, du désespoir et de la haine. Rien n'est plus proche de l'amour que la haine. Quand on me parle de haine, je sais très bien l'attachement subsiste, mais cet attachement devient destructeur et autodestructeur parce qu'il est porteur de pulsion de mort. Comment peut-on alors renouer avec la pulsion de vie?

Dans une telle relation, l'amour et la haine deviennent antinomiques: chacun éprouve un grand besoin d'être aimé de l'autre et, ne trouvant pas le moyen de satisfaire ce besoin viscéral, tombe dans la haine et le désir de faire mal autant qu'il a mal. Plus rien ne reste alors, ni relation ni communication. L'amour est là, présent, mais il n'est plus accessible ou, s'il l'est, c'est pour sentir la souffrance du désespoir. Un pont qui relie ces deux êtres est toujours là, mais il sert de terrain de guerre et devient une voie infranchissable, impénétrable.

Comment peut-on rendre à nouveau accessible cet amour?

Pour être accessible à l'autre et accéder à son monde intérieur, il est important d'être d'abord accessible à soi-même, à sa vérité profonde. La première étape vers la communication authentique n'est pas de réparer les pots cassés mais de se préparer à les réparer. On ne peut rejoindre l'autre sans se rejoindre soi-même. On ne peut accéder au monde intérieur de l'autre sans accéder au sien, ni recevoir l'amour de l'autre sans s'occuper d'abord de l'amour de soi.

Renouer des liens effrités ou recréer une relation plus ou moins détruite suppose au départ, chez chacune des personnes qui s'aiment, un désir profond de prendre les moyens personnels pour retrouver la relation, les moyens pour apprendre à communiquer, c'est-à-dire le désir d'aller à la rencontre de soi-même, de faire face à la peur de son monde intérieur, à la peur de l'intimité avec soi, à la peur de souffrir.

J'ai récemment travaillé, dans le cadre d'un cours de formation professionnelle à la relation d'aide, avec deux personnes qui vivaient une rupture de leur relation amoureuse et qui trouvaient pénible le fait de se retrouver dans le même groupe de formation. Fort heureusement, plutôt que de faire semblant ou de se nier, Jacinthe a exprimé son malaise et sa souffrance dans le groupe en présence de Rolland. Elle a exprimé sa douleur profonde de devoir se séparer d'un être qu'elle aimait profondément parce qu'elle se heurtait à l'inaccessibilité de son monde intérieur. Chaque fois qu'elle lui exprimait sa peine, sa colère, ses peurs, il se refermait et devenait froid et indifférent. Quand Rolland s'est exprimé à son tour, il a confirmé cette froideur. La souffrance que venait d'exprimer Jacinthe ne le touchait aucunement parce qu'il était complètement fermé à elle. «Je suis désolé de dire cette vérité-là, mais quand j'entends Jacinthe, je n'arrive pas à me laisser toucher. Pourtant, je suis sensible à la souffrance et au vécu de toutes les autres personnes ici, mais je ne le suis pas du tout à la sienne. Et ce qui me peine, c'est que je ne sens aucun attachement pour elle alors que dans les débuts de notre relation, j'ai été profondément amoureux. Je ne comprends pas ce qui s'est passé.»

Rolland a poursuivi son témoignage en parlant de ses relations avec les femmes qui finissaient toujours très mal. Je l'ai écouté avec beaucoup d'attention et j'ai aussi reconnu son honnêteté. J'ai pu voir dans son discours le fonctionnement psychique qui le conduisait toujours vers les mêmes insatisfactions relationnelles. Il était absolument incapable, dans ses relations affectives, de vivre et d'exprimer des émotions négatives telles la colère, la peur et même la peine et il était incapable d'affronter celles de l'autre. Les débuts d'une relation amoureuse étaient toujours extraordinaires, parce que ne s'y vivaient que des émotions agréables, mais dès qu'intervenaient les conflits, les désaccords, le choc des différences, il se fermait à son vécu et à celui de son amoureuse jusqu'à ce que le vent se calme. Ainsi les problèmes n'étaient jamais réglés; ils s'accumulaient d'un mois à l'autre. Et le plus dramatique de ses histoires relationnelles sur le plan amoureux est qu'en se fermant à la souffrance, il se fermait à l'amour. Il vivait avec l'illusion de trouver l'amour sans blessure, l'amour sans douleur, ce qui est absolument impossible. Il n'y a pas d'amour sans souffrance et lorsqu'on ferme la porte à la souffrance, on la ferme aussi au bonheur de l'amour. Dans sa relation avec Jacinthe, Rolland s'était peu à peu éteint. Il n'y avait plus en lui cette vie que procure l'accès au monde intérieur. De plus, il éprouvait en sa présence un sentiment constant de perte de sa liberté. Il a été heureux quand je lui ai fait découvrir que ce n'était ni Jacinthe, ni la relation qui le privaient de sa liberté mais lui-même parce qu'il ne se donnait pas le droit de vivre toutes ses émotions dans sa relation avec elle, il ne se donnait pas le droit d'être déçu, d'être en colère, d'être jaloux ou d'avoir peur. Il était l'homme parfait, emprisonné par sa propre peur de lui-même, l'homme qui, au nom de la liberté, emprisonnait aussi l'autre par son incapacité à l'accueillir dans ses émotions négatives.

Pour renouer les liens brisés, il fallait d'abord que Jacinthe soit prête à prendre Rolland là où il était sans le blâmer et que Rolland apprenne à se donner de l'espace dans une relation, qu'il apprenne à reconnaître sa souffrance, à reconnaître ses peurs, à reconnaître sa vérité profonde, à reconnaître ce monde qui n'est pas fait seulement d'amour mais aussi de souffrance, ce monde qui n'est pas fait que de sentiments positifs et nobles, mais qui renferme aussi d'autres sentiments auxquels personne ne peut échapper sans se nuire considérablement et sans nuire à la relation.

Bien qu'il soit essentiel à la relation affective, l'amour ne suffit pas. Comme la fleur a besoin d'eau et de soleil pour vivre et s'épanouir, l'amour a besoin de se nourrir d'une intimité avec soi et avec l'autre que seule peut procurer la communication authentique, ce type de communication où chacun existe vraiment et reconnaît l'existence de l'autre.

3. le besoin de reconnaissance

Quand j'aborde le thème du besoin de reconnaissance, je suis très touchée parce qu'il me plonge dans les bons souvenirs de ma relation avec mon père. Je me suis toujours sentie aimée et reconnue par cet homme que j'ai admiré. Je me sentais très importante pour lui, et je suis convaincue que, dans une relation authentique, la satisfaction du besoin d'être reconnu, admiré, valorisé, est important, voire fondamental.

Je me rappelle que, l'hiver, quand j'étais enfant, mon père ramassait la neige de la grande cour de la ferme avec les chevaux et il en faisait une butte près de la maison, qui servait de glissoire pour la traîne sauvage. Après la traite des vaches, le soir, il prenait parfois le temps de glisser avec mon frère et moi. Comme c'était agréable! Je me rappelle aussi de la cabane à sucre au printemps. J'aimais m'y retrouver les fins de semaine pour faire la cuisine. Les journées étaient longues et dures et parfois, à la fin du jour, pendant que l'eau d'érable se transformait en sirop dans la grande bouilloire, il prenait le temps de jouer à la cachette avec moi. Je me souviens encore de certains dimanches après la messe alors qu'il se mettait au piano et chantait avec nous pendant que ma mère préparait le repas du midi.

Chaque fois qu'il m'accordait du temps pour rire, jouer, parler, je me sentais très importante pour lui. J'existais et j'étais reconnue. Puis l'adolescence est arrivée et je ne l'ai pas toujours traversée de façon harmonieuse. Je crois que j'aurais pu facilement devenir une bonne délinquante si mon père n'avait pas été un homme d'autorité. Ainsi quand je lui ai un jour annoncé que j'avais décidé de laisser l'école pour aller travailler, il m'a inscrite au pensionnat. Je l'ai boudé pendant près d'une semaine, j'ai fait la grève de la faim, mais il n'a pas bougé. Aujourd'hui je sais qu'il a fait ce qu'il devait faire. Il m'a montré ce jour-là qu'il croyait en moi et m'offrait la possibilité d'exploiter mes talents au maximum. Il avait misé juste. C'est au pensionnat que j'ai découvert le goût d'apprendre, le goût d'aller toujours plus loin, le goût de m'organiser et de m'autodiscipliner. Et quand je revenais chez moi les fins de semaine, mon père s'intéressait à tout ce que j'avais fait. Il lisait les livres recommandés par mes professeurs, ce qu'il a fait tout au long de mes études, même à l'université.

Ce qui me reste de cette expérience, c'est le sentiment d'avoir été importante. Il me reste aussi toute mon admiration pour mon père parce qu'il s'est tenu debout. C'est cette admiration qui m'a guidée quand mon fils David, à l'école secondaire, s'est laissé influencer par certains amis qui lui ont fait découvrir la cigarette, l'alcool, la drogue. Comme il avait presque deux ans de moins que la plupart des élèves de son groupe, il voulait être reconnu par les autres et il avait décidé que c'était un très bon moyen pour y arriver. J'ai mis un certain temps avant de trouver une façon satisfaisante de l'aider. J'ai utilisé le dialogue, posé des limites claires en les faisant respecter mais rien ne changeait vraiment parce que, à l'école, il était toujours entouré des mêmes influences. Il n'est pas toujours facile d'être parent et d'assumer la responsabilité de l'éducation de ses enfants sans les prendre totalement en charge. Cette responsabilité exige d'agir à certains moments et cela fait très mal et très peur. Je me suis rappelé mon adolescence et mes penchants pour la cigarette et l'alcool. Je me voyais dans ce fils que j'aimais tant et qui me ressemblait sur plusieurs points. Et c'est quand j'ai pensé à ce que mon père avait fait avec moi que j'ai pris la décision de le changer de collège. Je me sentais coupable et dure de le séparer de ses amis, de lui imposer une nouvelle adaptation, d'autant plus qu'il réagissait de façon plutôt agressive. Mais il ne s'est pas rebellé.

Il a changé de collège et, deux ou trois mois plus tard, il m'en a remercié chaleureusement. «Je ne crois pas, m'a-t-il dit, que j'aurai le courage de faire la même chose avec mes enfants s'ils agissent comme j'ai agi.» «Si, tu l'auras, lui ai-je répondu, tu l'auras parce je l'ai fait et si je l'ai fait c'est parce que j'ai vu mon père le faire avec moi.» Je l'ai fait parce que mon fils était pour moi très important, parce que je croyais en lui et que je ne me donnais pas le droit, comme parent, de le laisser se détruire. Il faut dire que j'ai été solidement appuyée et aidée dans cette démarche par François. Je suis convaincue que son importance pour nous de même que notre attachement et notre solidarité ont contribué à l'aider à se prendre en main. Aujourd'hui je suis très fière de lui, fière de son autonomie, du respect qu'il a de lui-même, surtout de ce qu'il a retiré de cette expérience qui le rend sensible à la souffrance des autres et tellement plus fort intérieurement.

Je pourrais apporter beaucoup d'exemples pour démontrer combien il est nécessaire dans une relation affective de reconnaître l'autre, de lui donner de l'importance et d'autres exemples pour démontrer que cette reconnaissance de ce qu'il est passe aussi par l'amour de soi, par la capacité de s'occuper de ses besoins, de poser ses limites et de les faire respecter. Il ne s'agit pas de verser dans le positif à tout prix mais plutôt d'ouvrir les yeux sur ce que l'autre porte en lui de grand et de merveilleux, de croire en lui et de croire assez en soi pour se respecter et s'exprimer authentiquement. «Tu es beaucoup trop importante pour moi pour que je te ménage. Je te respecte trop pour manquer d'authenticité envers toi», ai-je dit un jour à une de mes étudiantes en formation. Ce comportement est difficile et exige beaucoup de foi en la force de l'autre pour être vrai avec soi-même et avec lui. Cette foi nous empêche de ménager et de tout prendre en charge, elle nous empêche de passer à côté de notre vérité intérieure. Reconnaître la valeur de l'autre et lui donner de l'importance, c'est non seulement être capable d'affirmer les choses difficiles et de passer à l'action, mais c'est aussi être capable de le valoriser, de reconnaître ce qu'il est et ce qu'il fait de remarquable.

Dans le champ de la communication, il n'est pas facile pour certaines personnes de reconnaître la valeur de l'autre, pas facile de valoriser parce qu'elles ont peur de perdre quelque chose, peur de se perdre de vue. D'autres, par contre, se servent de la valorisation pour manipuler de façon à obtenir ce qu'elles veulent. Reconnaître authentiquement l'importance de l'autre, c'est être en mesure de le voir et de confirmer son existence, ce qui est très difficile pour les gens qui ne sont centrés que sur eux-mêmes. Aucune relation intime n'est possible, sans reconnaissance de l'importance de l'autre, de sa valeur, de ses réalisations. Dès qu'on est en relation, si on veut une communication authentique, il est nécessaire de reconnaître qu'on n'est pas seul et que l'autre est là, présent avec sa vérité et avec sa différence. On ne pourra jamais l'atteindre et le rejoindre sans lui donner cette place et cette importance.

La communication authentique passe par la capacité à se donner assez d'importance pour prendre sa place dans la relation ainsi que la capacité à donner à l'autre assez d'importance pour qu'il ait aussi sa place. Si je reconnais sa valeur au point de m'oublier et si je reconnais la mienne au point d'oublier l'autre, je ne pourrai pas nourrir la relation par une communication authentique. Or cette reconnaissance de soi et de l'autre passe très souvent par l'écoute et l'acceptation.

4. le besoin d'écoute de soi

J'ai beaucoup parlé de l'écoute dans ce livre. Je veux toutefois apporter ici un élément important de l'écoute de soi: l'écoute multidimensionnelle. Cette notion nous permettra de mieux saisir l'importance de l'écoute de l'autre.

S'écouter c'est donc entendre le corps, entendre les émotions pour en arriver à toucher une dimension intérieure: la dimension spirituelle.

J'éprouve toujours une certaine gêne et une certaine peur quand j'aborde cette dimension. J'ai moi-même abandonné toute forme de pratique religieuse à un certain moment de ma vie parce que j'étais désemparée par une morale et des vérités absolues qui m'éloignaient de ma dimension humaine. Aussi est-il important pour moi de parler de mon expérience sans en faire une règle, en laissant aux autres le droit à la croyance de leur choix. Pour moi la spiritualité n'a donc rien à voir avec les dogmes puisqu'elle résulte d'une expérience subjective, propre à chaque être humain. Il m'importe peu de savoir si les vies antérieures et postérieures existent, pas plus que je ne m'arrête aux conceptions chrétiennes du ciel et de l'enfer sinon sur le plan symbolique. La spiritualité n'est pas une affaire de vérités toutes faites qui viennent des autres mais une expérience humaine, une expérience intérieure sensible qui ne peut exister en dehors du corps. Quand nous acceptons que nous sommes des êtres humains éprouvant des émotions et des sensations, quand nous sommes à l'écoute de notre corps et de notre vulnérabilité, nous touchons à l'intérieur de nous-mêmes à une force extraordinaire qui donne un sens à tout. Quand on a expérimenté la présence de cette force, on peut saisir ce que signifie lâcher prise. On apprend ainsi dans les moments les plus difficiles, si on sait ne pas se couper de sa souffrance et de la perception de son corps, à s'abandonner à cette force intérieure et à y trouver les voies de l'action.

La véritable spiritualité, qui n'a rien à voir avec la morale, résulte d'une expérience corporelle. Elle passe par l'acceptation de sa condition d'être de chair et par l'écoute de sa vérité intérieure. Il s'agit d'une relation à soi qui conduit à une relation avec la force profonde qui habite en chacun et qu'on appelle communément la force divine.

Le mot relation est ici d'une importance capitale. C'est la relation avec soi, dans sa vérité intérieure, qui nous met en contact avec la présence de cette force profonde. C'est par l'écoute du corps et des émotions qu'on peut arriver à sentir cette présence. C'est pourquoi il m'est impossible d'adhérer à l'idée de «canal». Cette conception nie l'importance de l'être humain et de sa dimension physiologique. Elle a aussi pour effet de diminuer son importance et de produire une scission entre la dimension spirituelle et la dimension humaine. Je crois que la réalité de la vie sur terre impose l'évidence de l'incarnation. Notre présence ici n'est pas accessoire. Nous participons avec toutes nos dimensions à notre création, à celle des autres et à celle du monde. Se considérer comme un canal, c'est croire que seule la dimension spirituelle agit en nous lorsque nous nous réalisons ou que nous réalisons quelque chose. Si c'était le cas, nous serions des êtres désincarnés. Pourtant l'expérience thérapeutique nous apprend quotidiennement que le refus de l'incarnation est toujours cause de déséquilibre psychique ou de maladies physiologiques ou psychologiques. La nature a fait de nous des êtres multidimensionnels et c'est en assumant toutes nos dimensions que nous participons à la création. Autrement nous devenons, dans nos relations avec les autres et avec le monde, facteurs de confusion, de désordre, de déséquilibre et de destruction. Il est très facile pour un être humain de parler et de défendre le concept de globalité. Le plus difficile est de le vivre dans le quotidien de ses relations, d'être partout un être global qui rencontre les autres avec son corps, son coeur, sa tête et son âme.

L'écoute de soi, c'est-à-dire l'écoute de ses sensations, de ses émotions, de ses pensées, de ses désirs et de la force profonde en soi, est la voie d'accès à l'harmonie et à l'unité. Elle restera toujours un préalable fondamental à la communication authentique. Elle permet d'assurer un équilibre intérieur qui dispose à l'écoute de l'autre et qui rend toute relation plus créatrice.

La véritable capacité d'écoute requiert une reconnaissance de l'autre. Le sentiment qu'ont certaines personnes de n'avoir aucune importance et d'être sans valeur vient en très grande partie du fait qu'elles ne sont pas vraiment écoutées. Se sentir écouté, c'est se sentir exister pour l'autre. Écouter l'autre, c'est lui manifester qu'il est important, qu'il vaut la peine d'être entendu. Dans mon travail auprès des gens, j'ai vu à quel point la difficulté d'écoute peut être cause d'incommunicabilité. Les personnes en relation parlent mais ne prennent pas le temps de s'écouter. Quand l'un parle, l'autre se prépare mentalement à répondre plutôt que de l'écouter. Cette difficulté d'écoute vient d'une difficulté à s'écouter soi-même. La parole de l'autre déclenche des émotions, des sensations, et c'est parce que nous ne sommes pas à l'écoute des émotions qui nous habitent ici et maintenant dans la relation que nous sommes incapables d'écouter ce que l'autre essaie de nous dire. Chaque fois que nous ne sommes pas à l'écoute de notre vécu nous sommes sur la défensive. Nous nous défendons par le jugement, l'interprétation, la rationalisation, l'accusation, la confluence, la prise en charge ou encore par la punition et le refoulement. Nous participons alors à un dialogue de sourds où il est impossible de rejoindre l'autre, chacun ayant alors le sentiment de ne pas exister pour lui, de vivre seul la relation. Il s'agit là de la solitude la plus douloureuse qui soit. La solitude en dehors de la relation est beaucoup plus supportable que celle que l'on vit dans une relation affective parce que cette dernière témoigne de façon permanente de la non-satisfaction des besoins fondamentaux d'être aimé, reconnu, écouté et sécurisé, témoigne de la distance que nous prenons par rapport à notre vérité intérieure et par rapport à celle de l'autre. C'est précisément cette distance qui nous empêche de communiquer authentiquement pour sortir de cette solitude.

Je reconnais qu'il n'est pas facile de sortir de cette solitude dans laquelle on se place. Il n'est pas facile de s'écouter quand on vit des émotions intenses par rapport à l'autre. C'est difficile parce que, pour y arriver, il faut accueillir son monde émotionnel et non lui barrer la route. C'est difficile parce qu'il n'y a pas d'écoute de soi sans ouverture à la souffrance, à l'amour et au bonheur. C'est pourquoi l'apprentissage de l'écoute de sa vérité profonde passe par l'accueil de la souffrance, l'accueil de l'amour, l'accueil du bonheur. On a peur de souffrir, bien sûr, mais on a aussi peur d'aimer et d'être aimé parce que l'un ne va pas sans l'autre. C'est pourtant cet apprivoisement de l'écoute et de l'accueil de soi qui ouvrira la porte de l'amour de soi, de l'accueil de l'autre, de la communication authentique.

5. le besoin d'accueil

Les notions d'accueil et d'acceptation sont souvent sources de difficultés relationnelles. Au nom de l'acceptation inconditionnelle, certaines personnes se nient totalement au profit des autres. Elles deviennent des personnages qui ne donnent aucun droit à leurs propres besoins et à leurs propres limites pour préserver un principe d'acceptation idéale. Dans ce cas, la communication authentique devient impossible puisqu'il n'y a pas de vérité profonde.

Claudette était en relation amoureuse avec Michel depuis plus de quatre ans. Elle tenait beaucoup à cette relation et s'était donné comme exigence de ne jamais brimer d'aucune façon la liberté de cet homme qu'elle aimait. Aussi quand il lui a dit qu'il voulait vivre des expériences sexuelles avec d'autres femmes, elle n'a posé aucune résistance pour lui laisser cette liberté. Quand elle est venue me consulter en thérapie quelques mois plus tard, elle souffrait énormément de sa difficulté à accepter les relations multiples de Michel. Elle s'en voulait de ressentir des sentiments de jalousie et de manque affectif et elle se jugeait immature et égoïste. Il était tellement important pour elle d'accueillir totalement Michel dans ses besoins qu'elle n'avait pas remarqué que, pour respecter la liberté de l'autre, elle perdait la sienne, que, pour lui donner son droit à l'existence, elle perdait le sien, que, pour répondre à ses besoins à lui, elle négligeait complètement les siens. Sa relation avec Michel se détériorait de plus en plus. Elle s'étonnait d'ailleurs qu'il s'éloigne d'elle, qu'il ne lui donne plus d'importance et qu'il n'y ait plus entre eux que de longs silences chargés de non-dit, qu'il n'y ait plus de communication comme autrefois.

Pour respecter un principe d'acceptation inconditionnelle, Claudette avait manqué d'authenticité. Elle tentait de se conformer au personnage idéal qu'elle croyait devoir être et qui l'éloignait de sa vérité profonde. Michel pouvait, bien sûr, se donner à lui-même la liberté d'entretenir plusieurs relations sexuelles et affectives avec les femmes et il n'était nullement condamnable pour autant. Se respecter ne veut pas dire condamner.

Cependant si Claudette avait été honnête avec elle-même, si elle avait écouté sa vérité intérieure, elle se serait donné la liberté d'exprimer son vécu, d'exposer ses besoins et de poser ses limites. Elle n'aurait pas accepté inconditionnellement une situation dans laquelle elle n'était pas bien et qui ne lui convenait pas. Par son manque d'acceptation d'elle-même, elle avait, sans le vouloir, été la première à élever des barrières à la communication authentique et elle en subissait les conséquences.

Le plus difficile dans une relation affective est de respecter ses propres besoins sans condamner l'autre, sans le juger. Ce n'est pas pour restreindre la liberté de Michel que Claudette pose ses limites; ce n'est pas non plus parce qu'il n'agit pas bien, mais par respect d'elle-même, par acceptation d'elle-même. C'est là que la communication authentique est possible, c'est-à-dire quand on respecte les besoins de l'autre tout en s'occupant des siens. Ce n'est qu'avec le dévoilement de ses vérités profondes qu'on peut établir ensemble des priorités, de façon à faire les choix les plus appropriés aux besoins de chacun dans la relation.

Quand Gérard a rencontré Sara, ils se sont aimés tout de suite. Plusieurs affinités les rapprochaient en dépit de leur différence d'âge. Ils avaient une grande facilité à communiquer authentiquement sans se ménager. Ils partageaient aussi plusieurs goûts et plusieurs intérêts communs. Tout allait pour le mieux malgré certaines difficultés rencontrées jusqu'au jour où Gérard, qui avait quinze ans de moins que Sara, lui exprima son désir de fonder une famille et d'avoir des enfants. Sara qui avait déjà de grands enfants adolescents n'était pas prête à revivre cette expérience et à créer une seconde famille. Malgré l'amour qu'ils éprouvaient l'un pour l'autre, ils ont pris ensemble la décision de se laisser parce que chacun d'eux avait des priorités qu'il ne pouvait sacrifier sans se nier. Sara a bien accueilli le désir de Gérard d'avoir des enfants, mais elle ne s'est pas niée dans ce désir de l'autre au nom du respect de la personne et au nom de l'acceptation inconditionnelle.

Accueillir l'autre, c'est reconnaître son droit à la différence, son droit au respect de ses besoins, son droit à ses priorités tout en respectant les siennes propres. Il se peut que les limites fixées et les différences de priorités obligent à faire des choix difficiles, mais l'important, pour bien communiquer authentiquement, c'est de s'accueillir soi-même pour ne jamais se fondre dans l'autre. C'est au moment où on se perd de vue qu'on fausse la communication et qu'on hypothèque subrepticement la relation. Mais on ne peut accueillir l'autre et, en même temps, se respecter soi-même sans poser ses limites, sans se dire, sans s'affirmer.

6. le besoin d'affirmation

Il est bien évident qu'une communication authentique nécessite une capacité des personnes en relation à s'exprimer, à se poser, à s'affirmer dans leur vérité profonde. S'affirmer, c'est dire ce que l'on vit, exprimer ses besoins, poser ses limites, faire des choix, prendre des décisions dans le respect et l'écoute de l'autre.

Un jour, une étudiante d'un de mes groupes de formation a demandé à s'exprimer dans le groupe. Elle s'est approchée d'une autre participante et lui a dit, devant tout le monde, à peu près ceci: «Quand je t'ai vue la première fois, je ne t'ai pas aimée. Je n'aime pas ta façon de me regarder. J'aimerais que tu ne sois pas ici parce que j'ai peur de toi et parce que je ne te fais pas confiance.»

Après avoir dit à cette participante ce qu'elle avait sur le coeur, elle est retournée à sa place et s'est assise. Un silence de mort pesait sur le groupe. Elle m'a regardée avec un grand sourire et m'a dit d'une façon très dégagée: « Maintenant ça va, je lui ai dit ce que j'avais à lui dire, tu peux passer à autre chose.» Elle s'était affirmée honnêtement sans blâmer l'autre et pourtant un profond malaise m'envahissait parce qu'elle avait déversé son bagage émotionnel sans tenir compte de la personne à qui elle s'adressait, sans respect pour elle, sans écouter ce que ses paroles et son geste avaient déclenché en elle. L'autre n'avait ici aucune importance, seul comptait le besoin de se libérer, en lançant ses malaises à la face de l'autre. Cette affirmation ne permettait aucune relation, aucune possibilité de communication.

La communication authentique ne se limite pas à l'expression de soi. Elle ne nécessite pas seulement le courage de s'affirmer mais aussi le courage d'écouter ce que nos affirmations produisent chez l'autre. Voilà pourquoi il est si difficile de s'exprimer. Si on veut rester en relation, si on veut vraiment communiquer, on ne peut s'exprimer sans donner à l'autre le droit de réagir. C'est là que se trouve le principal obstacle à l'affirmation de soi. La difficulté de s'affirmer résulte d'un manque de confiance en sa capacité de faire face à la réaction de l'autre. Par manque de confiance en soi, on ne s'affirme pas ou on le fait sans donner de place à l'autre. Dans le premier cas, on n'existe pas et, dans le deuxième cas, c'est l'autre qui n'existe pas. Il n'y a, par conséquent, ni relation ni liberté.

7. le besoin de liberté

Être libre, c'est être entièrement soi-même, capable de prendre en charge ses besoins et d'accepter la responsabilité de ses malaises, de ses problèmes, de ses choix, de ses décisions sans assumer la responsabilité de ce qui appartient aux autres.

Je crois que le besoin de liberté est l'un des plus difficiles à satisfaire. Pourtant, il est impossible de connaître des relations affectives satisfaisantes sans se sentir libre. Malheureusement le manque de liberté dans une relation est très souvent attribué à des causes extérieures, ce qui a pour effet de perturber considérablement la communication.

Quand j'ai rencontré Lise et Réjean pour la première fois, ils étaient en instance de séparation. Ils avaient le souci commun de régler cette rupture de façon harmonieuse pour épargner à leurs enfants la souffrance des déchirements entre parents généralement provoqués par les divorces. Il ne m'a pas fallu beaucoup de temps pour voir qu'ils étaient attachés l'un à l'autre. Leur décision reposait sur l'insécurité chronique que vivait Réjean dans cette relation et sur le besoin vital de liberté qu'éprouvait Lise, besoin qu'elle n'arrivait pas à satisfaire avec son mari.

Jusqu'à l'âge de 18 ans, Lise avait vécu sous la domination d'un père très autoritaire qui, par respect de certains principes religieux, la privait de sortir, de s'habiller à la mode, de fréquenter des amis en dehors de chez elle. Aussi avait-elle hâte de quitter la maison paternelle pour profiter enfin de sa liberté. Elle s'était alors promis que personne ne l'empêcherait de faire ce qu'elle voulait. Après plusieurs échecs amoureux, elle a rencontré Réjean. Elle avait alors 32 ans, il en avait trente. Tous les deux avaient comme priorité de fonder une famille. Ils se sont donc mariés et, trois ans plus tard, ils étaient parents de deux garçons. Lise vivait très difficilement les contraintes de la vie familiale et de la vie de couple. Elle voulait se sentir libre, sans comptes à rendre à son mari à propos de ses allées et venues, de ses dépenses, de ses amis.

Réjean se sentait seul et peu important pour son épouse. Il vivait beaucoup d'insécurité parce que Lise refusait de négocier, de lui consentir des ententes par peur chronique de perdre sa liberté. Malheureusement son attitude la conduisait toujours vers des échecs relationnels. Sa peur de voir ses activités contrôlées comme elles l'avaient été par son père, l'empêchait d'être en relation. Elle voulait vivre avec Réjean comme si elle avait été seule, sans tenir compte de ses besoins et de ses limites à lui. Pour elle, «être libre» signifiait «faire ce qu'on veut». Sa conception de la liberté l'empêchait de vivre une relation affective, de communiquer avec l'autre et la laissait toujours seule.

On ne peut être en relation et faire entièrement ce qu'on veut. Cette façon de concevoir la liberté est tout à fait incompatible avec la relation parce qu'elle est égocentrique et parce qu'elle ne tient pas compte de la réalité. Le choix d'entrer en relation affective avec une autre personne repose sur une réalité incontestable, celle de reconnaître l'existence d'un lien entre ces deux personnes. Dès qu'on parle de lien, on parle de quelque chose qui unit, qui relie, qui rattache. Si l'un des deux partenaires n'admet pas l'existence de ce lien, aucune relation n'est possible pas plus que la communication authentique puisqu'on nie la réalité du lien affectif.

L'existence de ce lien entraîne nécessairement une acceptation de la relation avec l'autre. Il n'y a plus une seule personne mais deux personnes qui, parce qu'elles veulent être en relation, doivent s'occuper de leurs besoins et de leurs limites et aussi tenir compte des besoins et des limites de l'autre. Le choix d'être en relation ne donne plus la possibilité de faire ce qu'on veut puisque deux personnes sont en présence. Cette liberté-là n'est pas possible parce qu'elle empêche de se parler pour trouver un terrain d'entente dans le respect des deux personnes concernées. Pour conserver le lien relationnel, la communication authentique est indispensable. La liberté ne veut plus dire faire ce qu'on veut mais être le plus possible soi-même, dire le plus authentiquement possible sa vérité profonde pour en arriver à se rencontrer et à vivre sereinement les contraintes inévitables qu'impose le choix d'être en relation. Ce choix place forcément chacun des partenaires devant la différence de l'autre, différence qui se manifeste dans le vécu, les besoins, les limites, les opinions, les goûts, etc.

C'est donc cette capacité à vivre authentiquement en présence de l'autre tout en prenant la responsabilité de ses malaises et de ses besoins qui rend libre dans la relation. Et c'est cette liberté qui permet de communiquer, de se rencontrer et de devenir créateur.

8. le besoin de création

Je me suis longtemps demandé ce qui rendait les gens créateurs. J'ai vu de nombreuses personnes suivre divers cours en créativité et n'être pas vraiment plus créatrices pour autant. Il ne suffit pas pour créer d'apprendre des techniques, des méthodes, des trucs, des théories. Bien qu'ils soient importants, ces moyens ne suffisent pas à rendre une personne vraiment créatrice. La créativité puise à une source beaucoup plus profonde puisqu'elle est liée à la pulsion de vie. Créer, c'est effectivement donner la vie à quelque chose ou à quelqu'un, c'est le sortir du néant, de la mort, du vide.

Qu'est-ce qui rend un être vivant? Il existe un lien entre la pulsion de vie chez un être humain et son ouverture à son monde intérieur. La vie profonde est faite de plaisir, de joie, d'enthousiasme, de confiance, d'amour, de gratitude et de foi. Elle est aussi faite de peine, de larmes, de peurs, de tristesse, de méfiance, de souffrance. Lorsque l'homme se coupe de ce que comporte cette vie intérieure, losqu'il se coupe de la joie et de la peine, de l'amour et de la haine, du bonheur et de la souffrance pour agir de façon défensive ou offensive, il se prive de sa source de vie et, par conséquent, de la source de sa créativité.

Pour que cette vie intérieure soit source de création, elle a besoin d'être nourrie par la relation et par la communication. C'est en effet la communication authentique qui permet de rejoindre son monde intérieur et d'exprimer à l'autre ce qu'il contient, puisque ce type de communication suppose une ouverture à soi, une écoute de ce que la relation déclenche à l'intérieur de soi-même. C'est vraiment de cette ouverture que naît la source créatrice. Rester ouvert, ce n'est pas seulement accueillir l'autre, mais accueillir surtout les sentiments agréables et douloureux que nous fait vivre la relation affective. Ce sont ces sentiments, spécialement quand ils nous font souffrir, qui portent les germes de la création. Il suffit, pour que ces germes ne meurent pas, qu'on s'occupe de la souffrance, qu'on l'entende, qu'on écoute ce qu'elle a à nous dire et à nous apprendre. Si on s'en coupe pour ne pas la sentir ou si on s'y noie en s'apitoyant, en jouant la victime, on détruit par le fait même la source créatrice. La créativité ne naît pas de la destruction puisque c'est une force de vie. Elle transforme la souffrance, lui donne un sens, une raison d'être, mais elle ne la nie pas.

Quand la souffrance et les émotions négatives sont niées dans la relation, non seulement la communication authentique devient possible, mais apparaissent souvent des comportements destructeurs. Plutôt que de créer et se créer, la personne qui se nie est porteuse de mort au sens où elle risque d'agir avec son entourage comme elle agit avec elle-même. Elle risque de détruire parce qu'elle se détruit, de réprimer parce qu'elle se réprime, de contrôler parce qu'elle se contrôle, d'abandonner parce qu'elle s'abandonne, de rejeter parce qu'elle se rejette, de ne pas écouter parce qu'elle ne s'écoute pas, de nuire parce qu'elle se nuit. Quand les émotions négatives de haine, de colère, de jalousie, de peine sont réprimées et non communiquées authentiquement dans une relation affective, elles ne disparaissent pas. Elles se manifestent alors par des comportements défensifs autodestructeurs ou destructeurs. S'il émerge des réalisations quelconques de ces comportements, elles ne sont pas créatrices de soi, de la relation et du monde mais traduisent au contraire la confusion, le désordre, la guerre, la mort.

La relation humaine est source de bonheur mais aussi de souffrance. Communiquer authentiquement, c'est s'ouvrir à ce bonheur et à cette souffrance, c'est toucher la vie en soi. Donner de la place à la peine, à l'agressivité dans la relation affective, c'est se donner le merveilleux cadeau non seulement de se créer soi-même mais de créer la relation. C'est cette création de ses relations affectives qui fournit les éléments de sa propre réalisation et qui fait de chacun un être créateur.

J'ai toujours été très sensible à la souffrance. En relation, le moindre petit déclencheur a sur moi un impact immédiat. Comme je suis très proche de ce que je vis et de ce que je ressens et que je suis habitée par une très grande sensibilité à tous les déclencheurs, je dois m'occuper quotidiennement d'une gamme d'émotions plus ou moins intenses, plus ou moins agréables et plus ou moins douloureuses. Pendant de nombreuses années, j'ai rejeté ma vulnérabilité; je la voyais comme une tare, comme un obstacle à mon bonheur. J'enviais les gens insensibles et j'en voulais à Dieu et à mes parents d'avoir fait de moi une personne aussi émotive, aussi impressionnable. J'ai tout fait pour me défaire de cette sensibilité; j'ai suivi des ateliers sur le contrôle des émotions et sur la pensée positive, j'ai consacré beaucoup de temps et d'énergie à ne valoriser que ma dimension rationnelle en suivant des cours, en me formant dans divers domaines, en accumulant les diplômes; j'ai fait du yoga, appris des techniques de respiration, été en thérapie pendant des années, etc. Après toutes ces tentatives, j'étais toujours aussi sensible, aussi facilement blessée, aussi souffrante. Puis quelque chose s'est transformé quand, lors d'une thérapie, j'ai découvert l'acceptation. J'avais tenté pendant toutes ces années de me débarrasser de ma vulnérabilité pour me rendre compte, finalement, que j'étais une femme d'une grande sensibilité et que, en essayant d'éloigner ma souffrance, je m'éloignais de moi-même et des autres, ce qui rendait cette souffrance plus intolérable. L'acceptation de ma vulnérabilité m'a permis de la prendre en compte dans mes relations plutôt que de chercher constamment à la rejeter. C'est alors que j'ai pu améliorer la communication authentique avec les gens que j'aime, que j'ai pu sentir en moi la force de la vie. Ce fut une merveilleuse découverte de sentir cette force intérieure qui agit comme un tremplin au fond de moi. Chaque fois que je suis à l'écoute de moi et que je me manifeste telle que je suis dans la relation, la vie prend sa place en moi et je sors très souvent de ces communications authentiques avec une confiance en moi accrue, un goût de créer et de me réaliser, une confiance en l'autre qui augmente ma gratitude envers la vie. Aujourd'hui, je considère ma sensibilité comme un cadeau, elle est vraiment ma source de vie, ma source de création. Parce que je sais maintenant l'accueillir et lui donner sa place, ma relation avec les autres est créatrice et mon travail est créateur. C'est vraiment l'écoute de cette vulnérabilité qui m'a fait découvrir cette force irrationnelle qui m'habite, cette dimension spirituelle, cette vie créatrice qui me procure une confiance profonde, difficile à ébranler.

B. La confiance mutuelle

La création d'un climat de confiance dans une relation est indispensable. C'est toujours très douloureux d'entretenir une relation affective et même professionnelle où la confiance n'existe pas. La communication authentique n'est alors plus possible parce que le manque de confiance entraîne la peur de l'investissement personnel et de l'engagement par manque de sécurité.

Mais comment peut-on nourrir le climat de confiance?

On inspire confiance dans une relation quand on est capable de respecter les engagements qu'on a pris envers l'autre, quand on est authentique et responsable.

Quand j'étais professeur de français au secondaire, j'ai souvent été témoin de sérieux problèmes de manque de confiance entre parents et adolescents. Je me souviens particulièrement du cas de Stéphane. Il vivait une relation très difficile avec ses parents. Il n'adhérait pas à leurs valeurs, ne respectait pas leurs exigences et réagissait à toute règle par la confrontation et la rébellion. Aucune communication n'était possible entre eux. Quand j'ai rencontré son père et sa mère lors de la remise du premier bulletin, ils m'ont fait part de leurs difficultés avec ce fils qui rejetait tout ce qui venait d'eux. Stéphane était très secret sur ses relations et ses sorties, de sorte que ses parents vivaient beaucoup d'inquiétude à son sujet. Quand ils le questionnaient, les réponses étaient vagues et mensongères. En fait, ils n'arrivaient pas à lui faire confiance. Aussi plus ils étaient insécurisés, plus ils avaient tendance à le contrôler, ce à quoi Stéphane répondait avec plus de fermeture et d'insolence. Au cours de cette rencontre, j'ai observé que les parents de cet adolescent étaient très préoccupés par l'image de leur fils, par sa réputation, sa réussite scolaire et qu'ils ne semblaient pas s'inquiéter de son vécu, de sa souffrance. Le père de Stéphane, qui n'était jamais venu à une rencontre de parents avec les enseignants, m'a avoué qu'il attendait beaucoup de moi étant donné que son fils me faisait confiance et qu'il m'aimait bien. Il espérait que je lui fasse entendre raison.

Stéphane n'était pas le seul adolescent qui avait des problèmes avec ses parents. De nombreuses relations entre parents et adolescents étaient sérieusement perturbées par le manque de confiance et, par conséquent, par le manque de communication authentique. Un grand nombre de pères et de mères insécurisés par le doute à l'endroit de leur fils ou de leur fille réagissaient en adoptant des mesures de contrôle, d'enquête, de surveillance. D'autres parents abdiquaient et adoptaient la politique du laisser-faire. Dans le premier cas, les jeunes se sentaient emprisonnés et se battaient pour leur liberté; dans le deuxième cas, ils étaient libres de faire à peu près ce qu'ils voulaient mais très malheureux parce qu'ils ne se sentaient ni aimés, ni importants. Un fossé les séparait de ceux dont ils avaient le plus besoin.

Il n'est pas toujours aisé pour certains parents de créer et de maintenir un climat de confiance et de communication avec leurs enfants. La tendance des jeunes et de leurs parents est de se blâmer mutuellement de leur inconfort et de leur insécurité. Stéphane était en effet très rebelle et devenait la source d'une grande insécurité par le choix d'amis peu recommandables, par ses sorties clandestines, par ses silences et ses retraits, par son refus de travailler et d'étudier. Cependant une part importante de responsabilité incombait aux parents dans l'échec de cette relation éducative. Ces derniers avaient toujours mis l'accent sur le paraître et ne s'étaient jamais préoccupés de savoir qui était vraiment leur fils ni ce qu'il ressentait. Ils avaient ainsi perdu la confiance de leur fils. Stéphane n'avait en effet pas assez confiance en ses parents pour leur parler de lui, de ses difficultés, de ses peurs, de ses besoins. Comme ils étaient préoccupés par l'image, il les savait incapables d'entendre sa détresse. Aussi avait-il appris très jeune à taire son monde intérieur pour le préserver jalousement et à réagir à l'importance que ses parents attachaient à l'apparence par la confrontation et le rejet. Ainsi la communication authentique devenait impossible entre eux parce qu'ils ne se faisaient pas confiance. À cause de leurs valeurs complètement différentes, ils n'arrivaient pas à se rejoindre.

Est-il possible dans ce type de relation entre les parents et les adolescents de recréer un climat de confiance par la communication authentique?

Communiquer authentiquement c'est, ne l'oublions pas, révéler sa vérité profonde et entendre celle de l'autre. Cela suppose donc de part et d'autre un désir de se rencontrer et d'exprimer ses peurs, ses souffrances, ses besoins d'amour et de reconnaissance sans blâmer l'autre. Seule l'expression authentique de la vérité profonde dans le respect de l'autre et de soi permet de rétablir le climat de confiance. Pour y arriver, une implication honnête du jeune est requise mais aussi et surtout un investissement particulier de la part des parents parce que ce sont eux les éducateurs. Il importe d'abord que ces derniers s'assument comme parents, c'est-à-dire qu'ils sachent établir les règles, poser les limites et les faire respecter. Cela est indispensable. Cependant cet encadrement ne sera accepté qu'en présence d'une relation humaine affective et chaleureuse entre le parent et l'enfant. Le jeune a besoin de sentir qu'il existe pour ce qu'il est et non seulement en fonction de ce qu'il fait et de son apparence. Il a besoin, pour faire confiance, d'une mère et d'un père sensibles à ce qu'il vit, préoccupés par ses souffrances et par son bonheur. Il apprendra ainsi à communiquer authentiquement, à respecter ses engagements par le respect des règles parce qu'il aura grandi dans un climat de confiance.

La création de ce climat de confiance est nécessaire pour produire un sentiment de satisfaction dans les relations. Vivre ou travailler au milieu de gens avec qui cette confiance n'est pas établie, c'est se placer dans des situations qui risquent d'engendrer la souffrance parce qu'elles déclencheront constamment l'insécurité intérieure. Il est fondamental, si l'on veut que ses relations amoureuses, amicales ou professionnelles soient nourrissantes, d'accorder de part et d'autre la priorité au respect des engagements pris et d'avoir le souci d'être authentique et responsable. Accorder une importance à ces priorités permet de bâtir des relations sur les fondements solides de la confiance réciproque, fondements qui ne seront plus ébranlés par les différences.

C. Le respect des différences

Lors des premières années de ma relation amoureuse avec François, j'avais le souci constant de trouver le plus de points de ressemblance possible entre lui et moi. Il me semblait et il lui semblait aussi que le succès de notre relation dépendait du nombre de traits de personnalité que nous avions en commun. Aussi cherchions-nous à être semblables pour mieux nous entendre. Je dois dire que pendant la période de fusion de notre relation, nous avons trouvé beaucoup de satisfaction à vouloir nous ressembler. Mais cela n'a pas duré parce que, pour y arriver, il nous a vite fallu nier nos différences, nos personnalités, nos besoins, ce qui nous a conduits à de sérieux problèmes de communication.

Nous avons mis du temps à retrouver chacun sa nature, à se donner le droit d'être unique. Nous avons dû faire face à la peur de perdre, à la peur du conflit, à la peur du rejet et du jugement et nous avons dû apprendre à exprimer ces peurs à l'autre, à dire chacun ses inquiétudes et ses besoins. C'est par cet échange que nous avons pu nous rapprocher et apprivoiser petit à petit nos différences respectives. Par la communication authentique, chacun a été progressivement en mesure de s'accepter et, par la suite, d'accepter son partenaire comme il était. Plus cette acceptation de nos différences se manifestait, plus il nous était facile de communiquer authentiquement. Cela m'a permis de découvrir que l'apprentissage de l'acceptation des différences ne se fait pas sans apprentissage de la communication authentique. C'est un processus parfois difficile parce qu'il nécessite l'exigence d'une double intégration, mais il est d'autant plus satisfaisant qu'il conduit vers un double bénéfice.

Aujourd'hui, quand je regarde François, je me rends compte que ce qui m'attire en lui c'est précisément sa différence: sa nature extravertie, son intelligence pratique, son sens de la stabilité et de l'enracinement, son calme dans la tempête, son attention aux détails, son sens des affaires, sa souplesse, etc. Plus je m'assume dans ma différence, plus je reconnais la sienne. Par conséquent, je me sens beaucoup plus libre et je connais avec lui une plus grande complicité.

Cette différence ne se situe pas seulement dans les traits de personnalité mais aussi dans les goûts. Sur ce point aussi, nous étions convaincus au départ qu'il fallait tous les deux nous intéresser toujours aux mêmes choses. Cette croyance exigeait de nous que chacun place entre parenthèses certains intérêts importants pour rester en contact permanent avec l'autre ou que chacun s'impose des sorties sans intérêt pour lui. Aujourd'hui je reconnais, par exemple, la passion de François pour les voitures, son intérêt pour les nouveaux modèles, pour tous les livres qui traitent de ce sujet. Je sais l'importance pour lui d'avoir une voiture élégante et performante et je respecte grandement son intérêt pour les bolides de toutes sortes. Cependant je ne m'impose plus, comme je le faisais auparavant, de visiter avec lui toutes les expositions de voitures. Au cours des années, j'ai bien compris que je n'y trouvais pas vraiment de satisfaction et qu'il était beaucoup plus agréable pour lui de visiter ces expositions en compagnie de quelqu'un qui partage sa passion. J'ai accepté aussi que j'avais plus de plaisir à l'écouter me parler de ces soirées-là qu'à y aller moi-même. Cela ne m'a pas empêchée, lors de notre dernier voyage à Paris, de l'accompagner avenue des Champs-Élysées pour voir les nouveaux modèles présentés par Renault et Citroën. Il ne s'agit pas pour moi de me fermer à sa différence, mais de la conjuguer avec la mienne.

Cette différence s'est aussi manifestée au plan de la vie intérieure. Là encore nous voulions être semblables, ce qui avait pour effet de perturber considérablement nos tentatives de communication parce que nous n'étions pas authentiques. Pour nous, il est maintenant bien évident que devant les mêmes événements, nous pouvons avoir des vécus et des besoins bien différents et que si, par exemple, la dernière réunion de famille l'a ennuyé, elle peut m'avoir enchantée au plus haut point.

Quand j'ai travaillé en thérapie relationnelle avec des couples, j'ai pu observer qu'il n'était pas facile pour la plupart d'entre eux de composer avec leurs différences et que cette difficulté avait un impact sur leur capacité à communiquer. Le plus difficile est d'apprendre à s'assumer dans cette différence tout en respectant celle de l'autre. Il ne s'agit pas d'avoir un monde à soi auquel l'autre n'a pas accès, encore moins de s'imposer d'aimer tout ce que l'autre aime et de faire tout ce qu'il fait. Il s'agit plutôt de vivre avec ces différences, de s'en servir comme forces complémentaires pour créer. Quand s'établit la communication authentique, c'est-à-dire échange des vérités profondes de chacun, les différences sont plus faciles à accepter. Elles deviennent alors partie intégrante de la relation plutôt que source d'éloignement ou d'isolement. Le fait d'accepter les différences dans une relation, de reconnaître celles de l'autre tout autant que les siennes permet d'en tenir compte, de composer avec elles. Ce travail d'acceptation et d'intégration ne sera possible qu'à la condition de partager aussi des intérêts communs.

D. Les intérêts communs

Si le respect des différences est un des facilitateurs de la communication authentique et d'une relation satisfaisante, il n'est pas le seul. Tenir compte de la différence de l'autre est possible quand, dans la relation, on peut s'appuyer sur des points et des intérêts communs, des éléments qui permettent de se rejoindre. La différence est stimulante, source de complémentarité et de liberté dans la relation si elle soutenue par la complicité qu'offre ce partage d'intérêts communs. Ces derniers ont pour avantage de donner le goût d'être ensemble, de connaître un enthousiasme qui trouve une résonance chez l'autre et de servir de porte d'entrée privilégiée sur le monde intérieur, sur le dévoilement de la vérité profonde.

Il est presque impossible d'entretenir une relation satisfaisante avec quelqu'un avec qui on ne partage aucun intérêt. Si, par exemple, l'un n'est motivé que pour tout ce qui touche les sports, s'il est amateur de hockey, de tennis, de golf et de ski et que, de son côté, l'autre ne s'intéresse à aucune de ces activités et consacre ses énergies à des activités culturelles telles le théâtre, l'opéra, les concerts de musique classique, il leur sera difficile d'avoir du plaisir ensemble, de partager le bonheur d'une journée de ski ou de nourrir leur relation d'un spectacle de danse classique.

J'ai souvent observé à l'occasion de thérapies de couples que de nombreux problèmes de communication étaient causés par l'absence presque totale d'intérêts communs, de projets communs dans le couple. Si chacun des partenaires trouve son plaisir et sa complicité plus souvent à l'extérieur qu'à l'intérieur de la relation, il finira par perdre son intérêt pour la relation elle-même et n'aura plus de motivation à rester en contact avec l'autre. Il est fondamental, dans toute relation affective, que les personnes impliquées fassent des choses ensemble, qu'ils élaborent des projets, qu'ils s'engagent dans un partage d'activités à long terme. Ce partage d'intérêts communs contribue à nourrir la relation. Sans lui, les possibilités d'entretenir la communication authentique sont diminuées au point, dans certains cas, de détériorer une relation et même de la détruire.

Quand j'ai rencontré Gertrude et Gilles, ils vivaient une relation de couple infernale. Ils ne cessaient de se disputer, de s'attaquer, de se blesser l'un l'autre. C'est à cause de leur souffrance et de leur impuissance à retrouver l'harmonie perdue qu'ils ont décidé, en désespoir de cause, de me consulter. À les écouter parler, j'ai compris que cette difficulté relationnelle n'avait pas toujours existé. Elle était présente depuis quelques mois seulement, plus précisément depuis le jour où Gertrude s'était acheté un ordinateur. Elle était tellement passionnée par l'informatique qu'elle y consacrait tous ses temps libres. Chaque fois qu'elle se dirigeait vers ce qu'il appelait « la machine », Gilles se sentait abandonné et avait le sentiment profond d'être relégué au second rang. Il réagissait avec colère, ce qui provoquait le rejet de Gertrude et entretenait des frustrations profondes chez l'un et chez l'autre.

Absorbée par sa passion pour l'informatique, Gertrude ne laissait plus de place aux activités qu'elle partageait auparavant avec Gilles. Elle avait complètement négligé leurs intérêts communs au détriment de ses propres intérêts. En faisant ce choix, elle provoquait une distance dans sa relation de couple et, par conséquent, une perturbation assez importante. Une relation affective survit difficilement à l'absence d'intérêts communs et de partage d'activités communes. C'est en faisant des choses ensemble qu'on se donne l'occasion de se parler et qu'on s'ouvre les portes de la communication authentique. La relation affective ne peut exister entre deux personnes isolées, indépendantes; elle a plutôt besoin de deux personnes uniques qui s'occupent chacune d'elle-même tout en tenant compte de l'autre et de la relation. Si la réussite d'une telle rencontre est facilitée par le respect des différences et le partage des intérêts communs, elle l'est aussi par la gratuité.

E. La gratuité

La nature est le plus beau modèle de gratuité qui puisse exister. Elle offre sa beauté, sa grâce, sa mouvance, ses couleurs, sans rien attendre en retour. À quoi sert la fleur que l'enfant m'apporte avec un sourire sinon à offrir gratuitement sa beauté et à m'exprimer, à travers le geste de celui qui me l'offre, tout le langage de l'émotion?

La relation a besoin de gratuité, de ces gestes en apparence inutiles par lesquels on donne sans marchandage, sans manipulation, sans espoir de retour. Elle a besoin de cette capacité à donner gratuitement et à recevoir. Elle a besoin de temps gratuit, de mots gratuits, de tendresse gratuite, d'affection gratuite.

Il n'est pas évident de trouver la gratuité dans les relations affectives. Un geste peut souvent être utilisé comme moyen de satisfaction des besoins de l'autre. Le fait de donner pour recevoir quelque chose en retour engendre un malaise qui risque d'instaurer une relation du: « Je te donne tout, tu me dois tout».

Un jour, alors que je donnais un cours aux étudiants en formation à la relation d'aide au Centre de relation d'aide de Montréal, une participante a demandé la parole. Elle m'a alors beaucoup louée pour mon travail, mes créations, mon cours, mon animation, etc. Elle ne tarissait pas d'éloges. Je l'écoutais tout en étant habitée par un malaise que j'ai expliqué à ce moment-là par la difficulté que j'éprouvais à recevoir tant de reconnaissance. Le lendemain, après le cours, elle est venue me voir pour m'exprimer sa grande déception et me reprocher de ne pas avoir reconnu sa valeur alors qu'elle avait si bien montré mon importance. C'est à ce moment-là que j'ai compris quel était le déclencheur de mon malaise: elle avait reconnu ma valeur pour que je reconnaisse la sienne en retour. Je lui ai fait voir que sa reconnaissance était intéressée et que, au lieu d'exprimer clairement son besoin, elle prenait des moyens indirects, ce qui créait des malaises et des doutes dans la relation et rendait impossible la communication authentique. Il est en effet difficile de communiquer avec quelqu'un qui donne pour recevoir. Ce marchandage, souvent inconscient, détruit petit à petit la confiance en soi et en l'autre et suscite une grande insécurité parce qu'il déclenche un malaise sur lequel on n'a pas de prise étant donné que le déclencheur exprime un double message.

Il est important, pour faciliter la communication authentique, d'être capable de gratuité de part et d'autre, capable de faire plaisir à l'autre, d'avoir pour lui des attentions délicates sans marchandage, sans manipulation, sans attente. Ces attitudes traduisent un amour réel et expriment l'importance de la personne aimée. On reconnaît dans la véritable gratuité une transparence, une pureté qui suscite la confiance et qui favorise une attitude d'ouverture dans la communication.

La gratuité dans la relation affective n'a rien à voir avec l'altruisme, le dévouement et le don de soi. Elle traduit tout simplement le vécu affectif, elle signifie à l'autre à quel point il est important sans en attendre rien en retour.

La quête d'intérêt est tellement présente dans un grand nombre de relations affectives qu'elle perturbe sérieusement la communication. Beaucoup de gens donnent pour obtenir quelque chose en retour, ce qui crée des malaises et un impact sur la capacité de recevoir. Comme mon travail est centré exclusivement sur tout ce qui touche la relation, y compris la relation d'aide, j'ai pu observer très souvent observer que de nombreuses communications deviennent progressivement impossibles entre des personnes qui s'aiment parce que l'une ou l'autre se révèle incapable de recevoir. Dans la plupart des cas, une telle attitude de fermeture provient de la peur inconsciente de perdre sa liberté, de la peur de se laisser emprisonner par ce qui est donné. Comment communiquer et se rejoindre lorsque la porte du monde intérieur est fermée?

Le besoin de protéger sa liberté est, comme nous le savons, un besoin fondamental chez l'être humain. Aussi, si le don n'est pas vraiment gratuit, s'il est fait avec l'intention d'obtenir de l'amour, de la reconnaissance, de l'approbation ou quoi que ce soit d'autre, il aliène, il emprisonne, il étouffe. Dans un cas comme celui-là, on ne donne pas, on achète, on manipule. À long terme, ce qu'on reçoit en retour ce n'est pas l'amour, mais la méfiance, la fermeture, l'éloignement, l'incommunicabilité.

Une façon permet de rétablir la communication. L'ouverture nécessaire pour recevoir, pour accueillir, ne sera possible que si le manipulateur est capable d'entrer en lui-même et d'apprivoiser sa souffrance, ses besoins et ses manques. De cette façon, au lieu de manipuler par des cadeaux, des attentions, des compliments pour obtenir ce qu'il veut, il pourra dire son besoin, exprimer son manque. Son message sera alors clair. Malheureusement, ce problème se pose très souvent dans les relations à cause de la difficulté de chaque partenaire à être en relation avec lui-même. La satisfaction des besoins étant essentielle à l'équilibre psychique, il est évident que, si on n'écoute pas ses propres besoins et si on ne les exprime pas dans ses relations affectives importantes, il faudra prendre des moyens détournés, la plupart du temps inconscients, pour les satisfaire; ainsi les communications, plutôt que d'être améliorées, seront perturbées. Plus la personne souffre de ne pas être écoutée, plus elle manipule pour combler ce manque au point d'en arriver à dominer l'autre et à devenir mesquine, voire méchante si elle n'arrive pas à satisfaire son besoin d'amour. Sa façon de combler son manque est tellement aliénante qu'elle n'obtient jamais vraiment ce qu'elle recherche. Elle continue ainsi désespérément à donner pour recevoir, sans jamais éprouver de satisfaction.

La dynamique donner-recevoir est présente dans toute relation affective. En l'absence de gratuité, la communication authentique est bloquée à cause du double message de celui qui donne et de l'attitude de fermeture de celui qui reçoit. Par contre, pour faciliter la communication, il est important d'en arriver à donner gratuitement et à s'ouvrir en pleine confiance. Et cela est possible si une volonté de travailler sur soi-même se manifeste.

F. Le travail sur soi

On m'a souvent dit que j'avais de la chance d'avoir une aussi belle relation de couple et de vivre une relation satisfaisante avec mes enfants. Certaines personnes croient que tout m'est tombé du ciel. Je reconnais que mes relations affectives me procurent beaucoup de bonheur et que je peux communiquer authentiquement avec les gens auxquels je suis particulièrement attachée. Cependant, pour y arriver, j'ai toujours eu à faire un travail important sur moi-même, à me remettre en question, à chercher à l'intérieur de moi les sources de mes difficultés relationnelles. Encore aujourd'hui, rien ne m'est donné à ce sujet. La communication authentique n'est pas toujours facile. Bien qu'elle me soit devenue indispensable, il n'en reste pas moins qu'elle me demande toujours, dans les situations difficiles, beaucoup de travail sur moi-même. Chaque fois que j'ai vécu des périodes critiques dans ma relation de couple, chaque fois que la souffrance m'envahissait, j'ai pris les moyens de voir clair, d'assumer ma responsabilité et de récupérer mon pouvoir. J'ai eu besoin d'aide et j'en ai encore besoin à certains moments.

La vie relationnelle est constamment jalonnée de déclencheurs qui suscitent la joie, la satisfaction, le bonheur, mais aussi la peine, la colère, la souffrance. Il est inutile de s'illusionner et de croire que la souffrance va un jour disparaître totalement et que, comme dans les contes de fées, tout sera toujours facile et agréable. Il ne peut exister de relation satisfaisante sans souffrance. Cependant, par le travail sur soi, on apprend à vivre cette souffrance en relation de façon à ce qu'elle rapproche au lieu de se détruire soi-même, au lieu de détruire l'autre et la relation elle-même. Apprendre à communiquer authentiquement, c'est, je le répète, apprendre à accueillir la souffrance déclenchée par l'autre tant comme celle qu'on déclenche chez l'autre. Voilà l'objectif du travail sur soi pour mieux vivre les difficultés relationnelles. Ce travail ne consiste pas à faire disparaître la souffrance ni à entretenir une illusion de nirvana, mais à apprendre à la vivre avec l'autre sans l'en rendre responsable. C'est cette capacité à vivre ensemble dans la souffrance comme dans la joie qui rend la douleur plus supportable parce qu'on l'exprime au lieu de s'isoler avec elle ou de chercher ailleurs les paradis perdus.

Combien de fois n'ai-je pas entendu des personnes me dire: «Avec mon partenaire amoureux, tout va bien quand je suis heureuse, quand il déclenche en moi des émotions agréables, mais si je souffre ou si je vis des émotions négatives, il me rejette, me juge et je me retrouve devant une double souffrance: celle qui est déclenchée par la relation et celle de l'abandon. Dans ces cas-là, je sais que je ne retrouverai le contact avec lui que lorsque j'aurai retrouvé la joie».

Beaucoup de gens sont incapables de laisser de la place à leurs propres émotions négatives telles la peine, la colère, la jalousie à l'intérieur d'une relation. Ils n'expriment que le vécu agréable, ce qui les empêche d'accepter l'autre quand ils vivent des émotions désagréables. La relation ne fonctionne alors que lorsque le ciel est bleu. Mais, dans la réalité, le ciel n'est pas toujours bleu. Les nuages et la pluie font partie de la vie et quand on nie leur présence dans la relation, on fausse la communication qui ne peut plus être authentique. On entretient et on grossit ainsi la souffrance qu'on ne veut pas voir et on détruit progressivement la relation.

C'est là que le travail sur soi est nécessaire. On peut faire ce travail seul si l'autre ne veut pas se remettre en question. On peut aussi le faire ensemble. Même si on le fait seul, on obtiendra des résultats. En effet si, dans une relation affective, l'un des partenaires travaille sur lui-même par des moyens comme la psychothérapie, il apprendra à être en relation avec lui-même et son changement intérieur exercera inévitablement un impact sur l'autre et sur la relation. L'impact peut, à long terme, être de deux ordres: il peut rapprocher ou permettre de prendre conscience qu'il est impossible de se rejoindre. Dans un cas comme dans l'autre, on trouve sa voie.

Cependant, lorsqu'on veut améliorer la communication, il est toujours plus agréable de faire la démarche de travail sur soi par ce que j'appelle la thérapie relationnelle.

La thérapie relationnelle, que j'ai créée en 1992, est une approche qui a pour but d'apprendre à communiquer authentiquement aux personnes qui se heurtent à des difficultés dans leurs relations. Elle s'applique autant à la relation amoureuse qu'à la relation amicale ou à la relation entre parent et enfant, entre employeur et employé, entre collègues. Elle est un moyen efficace de travailler sur soi, un facilitateur pour apprendre à communiquer de façon satisfaisante, une source inépuisable de ressourcement.

G. Le ressourcement

Rien n'est acquis une fois pour toutes dans une relation affective. Pour qu'elle reste vivante et nourrissante, pour qu'elle soutienne la motivation, pour que la communication reste authentique et responsable, il est essentiel de s'en occuper. Autrement, elle est comme une fleur qu'on arrête d'arroser. C'est souvent au moment où l'on croit que tout est acquis, au moment où tout va bien, que quelque chose arrive et nous rappelle l'importance d'entretenir ce à quoi on tient. Pour garder une relation vivante, stimulante, propulsive, il est important de se ressourcer ensemble.

Se ressourcer signifie, d'après le Petit Robert, «trouver de nouvelles sources (psychologiques, spirituelles); reprendre des forces (physiques, morales)».

Une relation stagnante est souvent triste et monotone. Pour maintenir la vie relationnelle, pour entretenir la communication, il est essentiel de ne jamais cesser de puiser ensemble à de nouvelles sources. Il ne s'agit pas seulement de partager des intérêts communs et de pratiquer des activités communes, mais de maintenir le souci constant de s'occuper de la relation, de nourrir la communication, d'améliorer les échanges, le souci de suivre le mouvement naturel de la vie et d'évoluer.

La communication authentique est beaucoup plus que la rencontre intime de deux personnes. Elle est aussi la source de ce qui les unit, de ce qui les met en relation. Quand on communique authentiquement avec quelqu'un qu'on aime, la satisfaction ne vient pas seulement de l'intimité exprimée et partagée mais aussi et surtout du bonheur d'être en relation. Voilà ce qu'ajoute la communication authentique à l'expression de sa vérité intérieure et à l'écoute de celle de l'autre: elle ajoute la capacité d'être en relation. C'est pourquoi, en ce qui a trait à la vie relationnelle affective, il est si important de faire un travail non seulement sur soi-même mais aussi sur la relation.

Si on veut rendre une relation affective satisfaisante, il ne suffit pas de nourrir les personnes individuellement; il est aussi essentiel de nourrir la relation. Comme c'est la communication authentique qui crée et recrée la relation intime, il importe donc de trouver ensemble des sources qui alimentent cette communication. On peut l'alimenter de bien des façons: par des voyages, des cours, des sessions de croissance ou par du travail thérapeutique. Le choix des moyens de ressourcement dépend des besoins. Il se peut que la relation soit installée dans une routine qui est source d'ennui. Dans ce cas, elle a besoin de changements, d'aventures, d'un peu de fantaisie, de plaisir. La relation peut aussi se perdre dans l'action, dans la vie extérieure, dans le mouvement. Elle a alors besoin d'intériorisation, de ressources d'ordre psychologique ou d'ordre spirituel ou tout simplement de repos, de plages pour prendre du temps. Parfois les difficultés relationnelles se situent du côté de la dimension corporelle et sexuelle. Elle peut alors, selon les besoins, trouver son ressourcement dans une activité physique, dans une activité qui favorise le contact, le toucher ou encore dans la sexothérapie. Il arrive aussi que la relation manque de nourriture intellectuelle et culturelle. Cette nourriture peut se trouver dans des cours qu'on suit ensemble, des lectures qu'on fait pour en discuter, des activités culturelles auxquelles on assiste ou auxquelles on participe. Dans certains cas, la relation a besoin de ressources matérielles et financières. Il est possible ici d'apprendre ensemble à faire un budget, de développer des intérêts pour l'administration, la gestion, le marketing. D'autres relations ont besoin d'ouverture sur le monde, d'implication sociale. Dans ce cas, l'investissement à deux peut prendre diverses formes. Il s'agit toujours d'orienter l'action dans le sens qui convient aux besoins de la relation pour assurer sa pérennité.

Tous ces moyens de ressourcement offrent l'avantage de nourrir et de faciliter la communication et, par conséquent, de favoriser l'évolution de la relation et des personnes qui sont liées et qui tiennent vraiment à la qualité de leur relation.

Si chacun est responsable de ses besoins, de son vécu, de ses choix dans la relation affective, il n'en reste pas moins que les deux personnes concernées sont responsables de la relation et qu'une relation doit son succès à l'investissement volontaire de deux personnes et non d'une seule. Pour communiquer authentiquement, il faut impérativement être deux à vouloir le faire et à prendre les moyens pour y arriver. Choisir ensemble de ressourcer la relation, c'est choisir de vivre l'intimité que procure la communication authentique. Ce type de communication, bien que facilité par la satisfaction des besoins fondamentaux, la confiance, le respect des différences, les intérêts communs, la gratuité, le travail sur soi et le ressourcement, ne s'obtient pas sans engagement, sans désir profond d'aller toujours plus loin dans la relation avec soi et dans la relation avec l'autre. Je sais qu'il n'est pas donné, mais je sais aussi que ce qu'il apporte n'a pas de prix et que rien au monde n'est plus satisfaisant que le temps que l'on prend pour apprendre à communiquer et à être en relation avec tous ceux qu'on aime, même quand ceux-là sont pour nous des autorités.

CHAPITRE 9

LA COMMUNICATION AUTHENTIQUE AVEC L'AUTORITÉ

Les exemples apportés dans ce livre ont touché particulièrement la relation de couple, la relation amicale et la relation parents-enfants. Il existe toutefois un type de relation non dépourvue d'affectivité qui n'a pas été abordé et qui n'en est pas moins important: la relation avec l'autorité.

C'est ce type particulier de relation qui fera l'objet de ce chapitre, lequel répondra aux questions suivantes. Que signifie le mot «autorité» ? Qu'est-ce qui perturbe la communication authentique avec les personnes en position d'autorité et qu'est-ce qui la favorise?

A. L'autorité

Le phénomène de l'autorité est une réalité qui existe depuis toujours et à laquelle personne ne peut échapper. Dès sa naissance, l'enfant se heurte à l'autorité de ses parents. À l'école, il découvre celle de ses professeurs. Plus tard, c'est avec l'autorité de ses employeurs et avec celle que la société lui impose qu'il doit se mesurer jusqu'à ce qu'il devienne peut-être un jour lui-même une personne qui détient l'autorité. Voilà pourquoi il est si important de s'arrêter à ce phénomène étant donné que tous, nous avons à vivre avec cette réalité, propulsive pour certains et contraignante pour d'autres. Pour mieux saisir ce phénomène de l'intérieur, voyons d'abord le sens du mot «autorité».

Sur le plan étymologique, le mot «autorité» vient du latin «auctor» qui signifie «celui qui accroît, qui fonde». L'«auctor» est celui qui est à l'origine d'une chose, un fondateur, un initiateur, un responsable (Le Petit Robert). Il n'est pas un dominateur, un oppresseur, un dictateur mais un être d'influence, un leader, un créateur, un éclaireur. Dans le sens que je lui attribue ici, l'autorité n'est pas un rôle que l'on se donne ni une fonction que l'on exerce mais un état, une manière d'être. Il ne s'agit pas d'avoir de l'autorité mais d'être une autorité. Je fais une différence fondamentale entre un parent qui a de l'autorité sur ses enfants (avoir sur) et un parent qui est une autorité pour ses enfants (être pour). Dans le premier cas, le parent exerce un pouvoir qui l'empêche de communiquer. Dans le deuxième cas, il assume la responsabilité que lui confère le fait d'être le père, la mère, le professeur, le thérapeute, l'employeur, etc. Il reste donc, en même temps qu'il s'affirme, une personne humaine, sensible, aimante, qui se laisse toucher et qui est capable d'être en relation et de communiquer authentiquement. Cela signifie que la personne en autorité est en mesure de s'affirmer, d'assurer l'encadrement, de poser les règles et de les faire respecter avec honnêteté et justice tout en étant sensible aux besoins fondamentaux des enfants, des étudiants, des clients, des employés, sensible à leurs besoins d'être aimés, reconnus, sécurisés, écoutés et libres d'être eux-mêmes.

Ces deux aspects de l'autorité sont indispensables pour assurer une communication authentique. Dans mon travail de pédagogue et de thérapeute en relation d'aide, j'ai vu beaucoup de personnes souffrir du manque de chaleur humaine de leurs parents, de leurs professeurs, de leur patron. J'ai vu aussi de nombreuses personnes constamment insécurisées parce qu'elles n'ont pas les outils pour organiser leur vie, la prendre en main et se réaliser.

«Être» l'autorité, c'est toute une responsabilité. Cela suppose une ouverture à la relation, une capacité à se remettre en question, à reconnaître ses erreurs, une capacité à s'affirmer, à s'assumer comme autorité et comme personne humaine, une capacité à communiquer authentiquement tout en faisant face aux obstacles qui perturbent la relation.

B. Les obstacles à la communication avec l'autorité

Le premier obstacle à la communication avec l'autorité découle de l'attitude de la personne en position d'autorité. Si cette dernière, comme je viens de le mentionner, est autoritaire, si elle abuse du pouvoir, si elle se cache derrière son rôle, si elle nie sa sensibilité et sa vulnérabilité, elle empêchera la communication authentique et par conséquent la relation. Lorsqu'une personne côtoie souvent dans sa vie, à travers des personnes importantes tels ses parents ou ses professeurs, un tel type d'autorité, elle connaît une expérience négative de la relation avec l'autorité. Elle risque alors de faire des transferts négatifs sur les autorités qu'elle rencontrera par la suite dans sa vie et de réagir défensivement aux règles, aux limites et à toute forme d'encadrement.

Un problème aussi important se pose avec des autorités qui ne s'assument pas, des autorités qui manquent de tonus, d'énergie, des autorités bonasses, adeptes du laisser-faire et du laisser-aller. Les personnes qui exercent ce type d'autorité créent une grande insécurité et enseignent inconsciemment la paresse, la mollesse, la facilité, l'éparpillement, la confusion, le désordre intérieur et extérieur. Avec des parents qui laissent tout faire, l'enfant n'apprend pas à développer sa volonté, à organiser sa vie, à passer à l'action. Il rêve sa vie et fait constamment face à la frustration du manque d'effort et de volonté pour passer à l'action. De plus son habitude de la facilité l'empêchera d'accueillir les souffrances de la relation, ce qui le privera des bienfaits de la communication authentique.

Lorsqu'une personne rencontre des autorités qui ne sont pas capables de relation et de communication, elle perd confiance en tout ce qui s'appelle «autorité» et elle fait très souvent sur les personnes en position d'autorité des transferts négatifs ou positifs qui l'empêchent d'être en relation.

C. Le transfert

Quand une personne fait un transfert sur une autorité quelconque, elle ne peut communiquer authentiquement avec cette autorité parce qu'elle ne la voit pas telle qu'elle est. Cette autorité déclenche en elle par sa voix, son regard, ses gestes ou ses attitudes, des émotions et des sentiments agréables ou désagréables, vécus et non résolus par rapport à une personne qui a été importante dans le passé, comme par exemple le père, la mère, un professeur, un grand-parent, un oncle, une gardienne, etc. Comme ces émotions n'ont pas été exprimées au moment où elles ont été vécues, elles sont toujours présentes dans le psychisme, ce qui fait qu'un déclencheur qui rappelle des déclencheurs passés les ravive. La personne habitée par ces sentiments refoulés les transpose donc ici et maintenant sur la personne en position d'autorité. Ces émotions suscitées par un déclencheur inconscient qui rappelle à la mémoire inconsciente un vécu non résolu sont dirigées sur la personne présente bien qu'elle ne soit en rien concernée. Cette personne devient donc, aux yeux de celui qui fait le transfert, un monstre ou un dieu, suivant que le transfert est négatif ou positif.

Le transfert est toujours difficile à vivre, spécialement quand il est négatif, tant pour la personne qui le fait que pour celle sur qui il se fait à cause de l'absence de relation et de communication authentique entre les deux personnes. En effet, il est impossible d'établir une relation puisque la personne qui fait le transfert ne voit pas l'autre telle qu'elle est, elle voit plutôt la personne transférée. En fait ce qui est difficile, c'est que l'autorité présente n'existe pas en tant que telle. C'est l'image inconsciente d'une autre qui prend sa place.

Avant de démontrer comment peut se régler un problème de transfert de façon à retrouver la communication authentique, voyons comment se manifestent le transfert négatif et le transfert positif.

1. le transfert négatif

En tant que détenteur de l'autorité, on reconnaît qu'une personne fait un transfert négatif quand ses réactions n'ont pas de lien avec la réalité de l'histoire relationnelle que cette personne a vécue avec soi.

J'ai reçu un jour dans mon bureau un de mes employés qui voulait me parler. Il était très en colère contre moi à cause d'une exigence que j'imposais au personnel à propos de la ponctualité au travail. Il m'a parlé pendant vingt minutes pour me reprocher de lui enlever sa liberté, de le contrôler, de l'empêcher d'être lui-même, de ne pas lui donner le droit de s'exprimer, de ne pas lui accorder d'importance, et j'en passe. Cet homme-là travaillait pour moi depuis plus de deux ans et nous avions toujours eu une excellente relation. Je lui ai parlé de mes malaises au sujet de ces accusations et je l'ai amené à prendre conscience de son expérience relationnelle avec moi. Quand lui avais-je enlevé le droit de s'exprimer? Quand avait-il été privé de sa liberté? Quand l'avais-je contrôlé? Quand l'avais-je empêché d'être lui-même? Rien dans ces accusations ne s'adressait vraiment à moi mais plutôt à son père. Je n'avais été qu'un déclencheur de souffrances refoulées. La prise de conscience de son transfert lui a permis de faire la part des choses et de voir sa relation avec moi telle qu'elle était.

La confrontation avec l'autorité est souvent l'une des principales caractéristiques des personnes qui font un transfert négatif. Elle n'en est toutefois pas le seul trait. Ces personnes ont souvent une attitude rebelle. Elles ont tendance à provoquer, à ne pas respecter les règles et les limites, à se voir comme supérieures, à critiquer l'autorité, à la rabaisser. On remarque aussi chez elles un besoin de prouver, une attitude de rejet, une grande difficulté à prendre conscience des peurs et des besoins affectifs par rapport à l'autorité tout comme à les reconnaître. Elles versent plutôt dans une indépendance défensive, une négation de l'autorité, une opposition constante, une attitude de pouvoir.

Il est bien évident que ces comportements ne sont pas toujours causés par un transfert. Ils sont fréquemment déclenchés par l'autorité elle-même. Si cette dernière est autoritaire, si elle abuse du pouvoir, si elle n'est pas humaine et sensible, elle risque fort de susciter de telles attitudes défensives. Aussi est-il fondamental de bien distinguer ce qui est «transfert» de ce qui est «réalité». Il est trop facile pour une personne en position d'autorité d'invoquer le transfert pour se disculper et éviter ainsi de se remettre en question lorsque de tels problèmes se posent.

Il est toujours difficile quand on est investi d'une autorité, d'être l'objet d'un transfert négatif parce que, pour la personne qui transfère l'image d'une autre personne sur le détenteur de l'autorité, celui-ci n'existe pas tel qu'il est. Cela empêche d'être en relation et de communiquer authentiquement. Cette difficulté se retrouve aussi dans le cas d'un transfert positif.

2. le transfert positif

Dans le cas du transfert positif, le client, l'étudiant, le participant, l'employé vit par rapport au thérapeute, au professeur, à l'animateur, au patron des sentiments vécus envers une autorité aimée et admirée dans le passé ou à l'égard d'un idéal complètement imaginaire, ce qui l'empêche de voir la personne en position d'autorité telle qu'elle est. L'autorité est donc vue comme parfaite. Elle est vue comme un être idéal presque désincarné. Aucune erreur, aucune imperfection ne lui est permise. Un désir inconscient de fusion et d'exclusivité habite la personne qui fait le transfert. Elle a même parfois tendance à s'infantiliser.

Il importe de bien distinguer entre le transfert positif et l'identification à des modèles. Toute personne a besoin de s'identifier à un modèle pour trouver son identité et pour se propulser. L'identification est différente du transfert car elle s'adresse à une personne réelle, une personne humaine qui est admirée sans être idéalisée, une personne qui a de l'influence, une personne à qui on reconnaît des talents réels, des forces réelles, des qualités réelles. L'identification à un modèle ramène à ses propres forces, à ses propres valeurs, à ses propres potentialités alors que dans le transfert positif on se perd dans l'autre qu'on imagine parfait, sans faille, sans défaut. Le transfert positif détache la personne de la réalité pour l'amener dans un imaginaire où l'idéal de perfection est projeté sur l'autorité à laquelle on donne alors tous les pouvoirs.

Il est aussi difficile, en tant que personne en position d'autorité, d'être l'objet d'un transfert positif que d'un transfert négatif. Par l'idéalisation, la personne qui fait le transfert reconnaît l'autorité. Comme le besoin d'être reconnu est un besoin psychique fondamental, il est possible que certaines autorités, pour être reconnues, entretiennent le transfert en maintenant l'image d'un personnage de perfection. La meilleure attitude devant le transfert positif est de rester soi-même, en reconnaissant ses forces, ses limites et ses faiblesses tout en s'assumant comme autorité. La personne qui fait le transfert sortira progressivement de l'imaginaire pour entrer dans la relation du moment.

On voit par ce qui précède qu'il n'est pas facile de vivre avec le transfert, d'autant plus qu'il se présente partout et que de nombreuses relations avec l'autorité sont perturbées sans que cette dernière ne soit en mesure de le dépister.

3. la façon de reconnaître un transfert

Je crois que pour reconnaître un transfert et être en mesure de vivre avec cette réalité, il faut beaucoup de vigilance et d'honnêteté. Ce phénomène devrait, à mon avis, faire partie de la formation de tous les enseignants et surtout de tous les thérapeutes. En relation d'aide, l'aidé qui fait un transfert ne voit pas son thérapeute tel qu'il est, ce qui perturbe la relation et la communication. Un déclencheur chez l'aidant peut toujours faire naître le transfert. Ce déclencheur inconscient peut être, par exemple, une voix grave ou nasillarde, un ton aigu ou bas, de grands yeux ou des yeux bleus, des mains potelées, des gestes saccadés, etc. Ces détails sensibles exercent un impact sur le psychisme de l'aidé et le touchent émotivement parce que la sensation produite par le déclencheur réveille des émotions agréables ou désagréables qui ont été vécues dans le passé par rapport à un déclencheur semblable. Par exemple, si ma mère avait un ton aigu chaque fois qu'elle me punissait et m'humiliait, le ton aigu fait donc naître le même vécu que suscitait la voix de ma mère et me fait réagir spontanément à l'autorité qui déclenche le malaise comme s'il s'agissait de ma mère. Par le fait même la relation avec l'autorité présente est brisée et la communication, sérieusement perturbée.

Subsiste toutefois le danger pour un thérapeute ou une personne en position d'autorité de voir des transferts partout. On ne peut pas parler de transfert chaque fois qu'une personne a des réactions négatives envers l'autorité. On reconnaît le transfert quand il est clair, dans la relation thérapeutique par exemple, que l'aidé prête à l'aidant des sentiments, des attributs, des intentions qu'il n'a pas, qu'il grossit démesurément des situations toutes simples, qu'il invente ou imagine des choses non applicables à la relation présente, qu'il déforme la réalité. Quand l'aidant est sûr qu'il est en présence d'un transfert, il doit savoir comment travailler avec l'aidé de façon à rétablir la communication.

4. la façon de composer avec le transfert

Je ne crois pas, comme le préconise la psychanalyse, qu'on règle un transfert par un retour dans le passé. Comme il est déclenché dans le présent, c'est par la relation présente qu'il va se dénouer si l'aidant ou la personne en autorité sait composer avec lui. Pour ce faire, elle doit utiliser les moyens suivants:

a. Elle doit d'abord reconnaître et accueillir les émotions positives ou négatives de l'aidé sans les banaliser, sans les condamner. Le vécu de ce dernier est réel et mérite d'être entendu et reçu sans jugement.

b. Il est important aussi que l'aidant accueille ses propres émotions engendrées par l'attitude de l'aidé. L'écoute muette de ce qui se passe en lui permet à l'aidant de rester une personne sensible et de ne pas tomber dans des réactions défensives telles que le jugement, le blâme, l'interprétation, la projection, la prise de pouvoir sur l'autre, etc. S'il devient défensif, l'aidant tombe dans le piège de l'autorité transférée, ce qui rend impossible la résolution du transfert. Il est donc fondamental que le monde émotionnel soulevé dans la situation soit bien entendu par l'aidant, tant celui de l'aidé que le sien.

c. Après avoir pris le temps de bien accueillir les émotions, l'aidant peut faire des observations objectives précises pour permettre à l'aidé de saisir son fonctionnement psychique dans la situation présente (besoins, peurs, mécanismes de défense, etc) et ce, de façon à ce que la relation se rétablisse.

d. Il est important que l'aidant ne laisse pas l'aidé se perdre dans des affirmations non fondées au sujet de sa relation avec lui ou dans des généralités du genre de celles-ci: «Tu m'enlèves ma liberté. Tu ne me donnes pas le droit de faire ce que je veux, etc.» L'aidé doit prendre conscience de son transfert et, pour ce, le thérapeute doit être en mesure de lui faire voir honnêtement tout ce qui, dans ses paroles ou son attitude, ne correspond pas à la réalité de la relation présente. Cela permettra à l'aidé de constater qu'il est en situation de transfert, ce qui l'empêche de voir l'aidant tel qu'il est et d'être en relation avec lui.

e. Tout au long du processus, l'aidant doit rester une autorité mais aussi une personne sensible et touchée par l'autre. Il est donc important qu'il exprime à l'aidé le malaise causé par le fait qu'il n'est pas vu tel qu'il est et par le fait qu'il n'est pas en relation. Il est essentiel aussi qu'il ne change pas ses règles, ses exigences, son approche pour ménager l'aidé par peur de ses réactions transférentielles.

Lorsqu'une personne s'assume comme autorité ici et maintenant dans ses relations tout en restant humaine, elle devient une aide précieuse pour tous ceux qui ont des problèmes avec l'autorité. Ces derniers apprennent alors à vivre la relation avec l'autorité sans se sentir menacés et à aborder toute autorité par la suite en étant en relation avec elle, en étant capables de communiquer authentiquement sans l'idéaliser et sans la confronter dans le respect d'eux-mêmes et dans le respect de l'autre.

Le respect est un des plus grands facilitateurs de la communication authentique si chacun apprend, dans le cadre d'une relation, à se respecter soi-même et à respecter ceux avec lesquels il est en relation.

CONCLUSION

J'ai longtemps cru que, pour se donner le droit d'écrire un livre de psychologie, de pédagogie, de philosophie, tout livre qui concerne des thèmes tels la vie, la relation d'aide, l'amour, la communication, il fallait avoir tout réglé, tout compris, tout intégré à propos du sujet traité. Je croyais qu'il fallait être le modèle parfait de ce que le livre expliquerait. J'ai beaucoup lu. J'ai toujours été une passionnée de la lecture, spécialement de livres qui concernent la personne humaine. J'ai même idéalisé de nombreux auteurs que j'ai par la suite rencontrés. Ma relation avec eux m'a appris l'essentiel, c'est-à-dire l'importance d'accorder la priorité à l'humain, à sa démarche évolutive, à sa recherche constante de compréhension et de bonheur.

Écrire dans ce domaine si mouvant qu'est la psychologie humaine, c'est plutôt, selon moi, témoigner d'un sujet qu'on connaît vraiment, qu'on a expérimenté des milliers de fois, c'est parler d'un sujet qu'on a étudié, approfondi, un sujet sur lequel on a fait une recherche sérieuse, un sujet qui nous occupe et nous préoccupe partout, tant sur le plan de la pensée que du vécu, tant sur le plan de la réflexion que de la relation, tant sur le plan personnel que professionnel. Écrire, c'est faire partager ses découvertes et son expérience en étant bien conscient que ce don aura des résonances internes plus ou moins importantes dans le coeur des lecteurs et que leur importance dépend de la capacité de l'auteur à rester humain, à continuer sa démarche, à ne pas se croire arrivé au but.

La communication authentique me tient à coeur partout, avec mes enfants, avec mon mari, avec l'équipe de formation du Centre de relation d'aide de Montréal où je travaille. Et je crois que ce qui m'a permis de vous en parler, c'est ma capacité à accepter que je ne suis pas parfaite, ma capacité à rester humaine et à continuer. Si vous lisez ce livre en faisant de son contenu un idéal qui ne vous donne pas la liberté d'être humain, il ne sera pour vous qu'un autre carcan qui ne servira qu'à alimenter les personnages que vous incarnez. On n'apprend à communiquer authentiquement que si on accepte et reconnaît ses manques d'authenticité, ses manques de responsabilité, ses manques d'acceptation. C'est paradoxalement la tendance à vouloir être parfait qui prive du bonheur de communiquer authentiquement.

Apprendre à communiquer, c'est découvrir et reconnaître dans chaque communication la source de ses rapprochements et la source de ces moments où la relation est bloquée. Apprendre à communiquer authentiquement, c'est tout simplement apprendre à vivre l'intimité dans la relation et à accepter de s'attacher.

La communication authentique n'est pas possible sans attachement. Je me suis longtemps demandé pourquoi je m'attachais à certaines personnes lors d'une première rencontre, alors que je ne connaissais aucun attachement pour d'autres que je côtoyais depuis longtemps. J'ai compris un jour que l'attachement est un phénomène d'ordre affectif qui naît de la relation intime avec l'autre, qui résulte de l'investissement profond que favorise la communication authentique. Dès que le monde émotionnel est engagé dans la relation, dès qu'on est rejoint intérieurement par l'autre, comme on l'est avec les enfants, dès qu'une ouverture authentique se crée de coeur à coeur, qu'il s'agisse de la première ou de la énième rencontre, l'attachement s'installe et ne disparaît jamais parce que ces moments d'intimité font partie de ce que nous sommes. La relation peut connaître des moments de grand bonheur quand il y a communication et des moments de souffrance intense quand l'intimité est perturbée par l'absence de communication authentique. Elle peut connaître aussi la rupture ou la mort, mais dans un cas comme dans l'autre, l'attachement persiste parce qu'on a livré son coeur à l'autre et parce qu'on a accepté d'accueillir le sien. Il fait alors partie de son expérience de vie et rien ni personne au monde ne peut l'arracher, encore moins soi-même. On peut se défendre de la souffrance de l'attachement en la jugeant ou en la refoulant, on peut s'en servir pour se détruire ou pour se bâtir, mais on ne s'en départit pas. On apprend plutôt à vivre à partir de cette souffrance de façon à en faire une force intérieure, un acquis supplémentaire. C'est le cadeau que laisse la communication authentique. Elle remplit de la richesse de l'expérience qui construit et propulse. Elle enrichit le bagage affectif de chacun parce qu'elle est source d'attachement.

Je ne peux terminer ce livre sans exprimer ma gratitude à tous ces êtres auxquels je me suis attachée au cours de ma vie et qui, par la relation que j'ai entretenue avec eux, ont contribué à ma réalisation intérieure. Ce sont les expériences relationnelles que j'ai vécues avec ma famille et celle de mon conjoint, avec tous les élèves que j'ai connus au cours de mes dix-huit années d'enseignement à l'école secondaire Rigaud, celles que j'ai vécues aussi avec mes professeurs et avec mes amis tant au Québec qu'en France, avec tous les étudiants du Centre de relation d'aide de Montréal et avec la merveilleuse équipe qui travaille aujourd'hui avec moi et spécialement les expériences relationnelles que j'ai vécues avec les êtres qui me sont le plus cher: mes quatre enfants, Marie, Guillaume, David et Antoine et l'homme de ma vie, l'être le plus important de ma vie, mon conjoint depuis plus de trente ans, François. Je ne peux dire à quel point je leur suis reconnaissante pour ce qu'ils m'ont apporté par la communication authentique. Ce ne fut pas toujours facile, loin de là. J'ai parfois manqué de responsabilité, d'authenticité. J'ai souffert de mes blocages, de mes écueils, souffert de ces moments où, par orgueil ou par peur, je perturbais ou empêchais la communication. Mais ce que j'ai appris avec eux n'a pas de prix. Je sais maintenant que l'essentiel pour moi, c'est d'être en relation, c'est d'accepter de vivre la souffrance et le bonheur de l'attachement par la communication authentique parce que c'est le chemin le plus sûr que j'ai trouvé pour être heureuse et me réaliser. C'est aussi le chemin le plus sûr que j'ai trouvé pour contribuer, à ma façon, à la réalisation intérieure de l'homme et, par conséquent, à la création d'une société où les valeurs humaines profondes exploitées par la relation et la communication domineront celles que procure le pouvoir du savoir, de l'avoir et de la manipulation. L'avenir de l'homme, j'en suis profondément convaincue, ne se trouve pas dans des changements extérieurs mais dans son ouverture à sa vérité profonde et à celle des autres, dans sa capacité à communiquer authentiquement. L'avenir de l'homme est dans sa relation intime avec lui-même, avec les autres et avec le monde.

BIBLIOGRAPHIE

AMADE, (G.), GUILLET, (A.), *La dynamique des communications dans les groupes*, Paris, Éditions Armand Colin, 1975, 209 pages.

BUSCAGLIA, (L.), *S'aimer ou le défi des relations humaines*, Traduit de l'américain par Christine Balta, Montréal, Éditions Le Jour, 1985, 172 pages.

LEMBOS, (E.), *Les barrages personnels dans les rapports humains, (comment les comprendre et les surmonter)*, Paris, Éditions ESF, 1984, 82 pages.

LOBROT, (M.), *Les forces profondes du moi*, Paris, Économica, 1983, 322 pages.

LOWEN, (Dr A.), *La bio-énergie,* Montréal, Éditions Le Jour, 1977, 307 pages.

PERLS, (Dr F.), *Ma gestalt-thérapie, (une poubelle-vue-du-dehors-et-du-dedans)*, Évreux, Tchou, 1976, 306 pages.

PERLS, (Dr F.), HEFFERLINE, (R.-E.), GOODMAN, (P.), *Gestalt-thérapie, (technique d'épanouissement personnel)*, traduit de l'américain par Martine Wiznitzer, Ottawa, Éditions internationales Alain Stanké, 1977, 308 pages.

POITOU, (J.P.), *La dissonance cognitive*, Paris, Éditions Armand Colin, 1974, 125 pages.

VANOYE, (F.), *Expression Communication*, Paris, Éditions Armand Colin, 1975, 241 pages.

TABLE DES MATIÈRES

INTRODUCTION 1

Chapitre 1
LA COMMUNICATION AUTHENTIQUE 5

Chapitre 2
L'ÉMOTION DANS LA COMMUNICATION AUTHENTIQUE 11

A. La source de la communication authentique 12
B. L'intégration du fonctionnement relationnel 13
C. L'émotion et l'authenticité 14
D. L'émotion et la responsabilité 15
E. Les façons d'aborder l'émotion 17

Chapitre 3
LA COMMUNICATION ET LA CAPACITÉ À ÊTRE EN RELATION 23

A. La capacité à être en relation 23
B. La capacité à vivre et à exprimer l'émotion 26
C. La capacité à vivre le présent 29
D. La capacité à utiliser ses facultés rationnelles 39
E. La connaissance du processus relationnel 47

Chapitre 4
LES ÉLÉMENTS DE LA COMMUNICATION 51

A. L'émetteur 51
B. Le récepteur 54
C. Le message 57

Chapitre 5
LES NIVEAUX D'INTIMITÉ DANS LA COMMUNICATION 65

A. La communication utilitaire 66
B. La communication impersonnelle 67
C. La communication narrative 67
D. La communication personnelle 68
E. La communication intime 69

Chapitre 6
LES OBSTACLES À LA COMMUNICATION AUTHENTIQUE 71

A. Le non-dit 73
B. L'irresponsabilité 77
C. Le comportement défensif non reconnu 79
D. Les peurs non exprimées 83
   1. la peur du rejet 84
   2. la peur de décevoir 86
   3. la peur de l'engagement 89
   4. la peur de blesser 92
   5. la peur du changement 95
   6. la peur du jugement 99
   7. la peur de l'envahissement 101
   8. la peur du conflit 106
E. Le pattern bourreau-victime 109
F. L'attente 112

G. L'oubli de soi 116
H. La comparaison 122
I. La confluence 126

Chapitre 7
L'APPRENTISSAGE DE LA COMMUNICATION AUTHENTIQUE 131

A. La prise de conscience 132
B. L'acceptation 133
C. L'expression 136
D. La responsabilité 139
E. L'intégration 144
F. La création et l'autocréation 146

Chapitre 8
LES FACILITATEURS DE LA COMMUNICATION AUTHENTIQUE 149

A. La satisfaction des besoins fondamentaux 150
 1. le besoin de sécurité affective 152
 2. le besoin d'amour 154
 3. le besoin de reconnaissance 158
 4. le besoin d'écoute de soi 161
 5. le besoin d'accueil 165
 6. le besoin d'affirmation 167
 7. le besoin de liberté 168
 8. le besoin de création 170
B. La confiance mutuelle 173
C. Le respect des différences 176
D. Les intérêts communs 178
E. La gratuité 180
F. Le travail sur soi 183
G. Le ressourcement 186

Chapitre 9
LA COMMUNICATION AUTHENTIQUE AVEC L'AUTORITÉ 189

A. L'autorité 189
B. Les obstacles à la communication avec l'autorité 191
C. Le transfert 191
   1. le transfert négatif 192
   2. le transfert positif 194
   3. la façon de reconnaître un transfert 195
   4. la façon de composer avec le transfert 196

CONCLUSION 199

BIBLIOGRAPHIE 203

TABLE DES MATIÈRES 205

RELATION D'AIDE ET AMOUR DE SOI

Best-seller des six dernières années, **Relation d'aide et amour de soi** est un livre bien pensé et juste. Il propose de la relation humaine aidante une approche cohérente, complète, structurée et guidée dans le processus. Dans la continuation des travaux de Carl Rogers, l'auteur met l'accent sur la congruence et la connaissance, le respect, l'amour et l'expression de soi. L'amour de soi, et de l'autre, passe par l'écoute des besoins, des émotions et des complexes via un saisissant processus des mécanismes psychiques clairement décrit. Simple et solide, c'est un livre grand public et professionnel, sérieux et profond, stimulant et enrichissant.

Inspiré des commentaires de Philippe Augendre de la revue VIE ET SANTÉ, le numéro de juillet/août 1994.

Also available in English "Helping Relationships Through Self-Love"

LA LIBERTÉ DANS LA RELATION AFFECTIVE

Paru en octobre 1996, 10 000 exemplaires ont été vendus en trois mois.

Cet ouvrage, rigoureusement juste, propose avec intelligence, sensibilité, simplicité et d'une manière concrète le nouveau chemin à fréquenter pour se sentir libre dans toutes ses relations, en particulier dans ses relations affectives. Dans ce livre, dont la lecture vous entraîne au coeur de vous-même, la peur de l'engagement et la peur de perdre sa liberté, qui lui est intimement liée, s'estompent au profit d'une véritable gestion de la psyché par la compréhension simple et rassurante de la nature même du fonctionnement de l'homme en relation avec lui-même et avec les autres. Un livre passionnant, un outil fondamental.

La première édition
du présent ouvrage
publié par
Les éditions du Cram inc.
a été achevée d'imprimer
le premier jour d'avril
de l'an mil neuf cent quatre-vingt-quatorze
sur papier BG scolaire 100M
sur les presses de
l'Imprimerie Gagné
à Louiseville (Québec)

Un deuxième tirage
(15e mille)
a été achevé d'imprimer
en avril 1995

La deuxième édition
(20e mille)
revue et corrigée
du présent ouvrage
a été achevé d'imprimer
sur papier BG scolaire 120M
en février 1997

**Un deuxième tirage
(25e mille)
de la deuxième édition
a été achevé d'imprimer
en septembre 1998**

Transcontinental
IMPRESSION
IMPRIMERIE GAGNÉ